PUHUA BOOKS

我们一起解决问题

成就卓越**HR经理人**
的实战指南

我的第一本
HR入门书

王胜会 编著

（第2版）

人 民 邮 电 出 版 社

北 京

图书在版编目（CIP）数据

我的第一本HR入门书 / 王胜会编著. -- 北京：人
民邮电出版社，2019.7（2024.6重印）
ISBN 978-7-115-51360-1

Ⅰ. ①我… Ⅱ. ①王… Ⅲ. ①人力资源管理—研究
Ⅳ. ①F243

中国版本图书馆CIP数据核字(2019)第104069号

内 容 提 要

《我的第一本 HR 入门书》（第 2 版）是一本人力资源工作领域的超级实战操作指南。本书
从人力资源管理业务体系的构建和人力资源管理者的角色定位出发，对人力资源规划、招聘与
配置、培训与开发、绩效管理、薪酬管理、劳动关系管理这 6 大人力资源管理业务模块中的 25
个具体的工作事项进行了系统化设计，并提供了配套的制度、方案、流程、图表和工具。为了
便于读者理解，本书还提供了 120 多个范例。

阅读本书后，你将快速掌握人力资源管理实战技巧，从零基础的人力资源入门人员成长为
卓越的 HR 职业经理人。本书适合各类企业人力资源管理工作人员，尤其是刚接触人力资源的
管理工作人员，以及高等院校相关专业的师生阅读、使用。

◆ 编　　著　王胜会

责任编辑　曹延延

责任印制　彭志环

◆ 人民邮电出版社出版发行　　北京市丰台区成寿寺路11号

邮编 100164　电子邮件 315@ptpress.com.cn

网址 http://www.ptpress.com.cn

北京虎彩文化传播有限公司印刷

◆ 开本：787×1092　1/16

印张：16　　　　　　　　　　2019年7月第2版

字数：300千字　　　　　　　　2024年6月北京第7次印刷

定　价：59.00元

读者服务热线：（010）81055656　印装质量热线：（010）81055316

反盗版热线：（010）81055315

广告经营许可证：京东市监广登字 20170147号

前　言

对于刚刚踏入人力资源管理领域的从业人员来讲，尽快熟悉人力资源管理的业务体系，做好人力资源管理的基础性工作，并学会高效运用人力资源管理的方法和技巧，是其面临的首要任务。

为了解决上述问题，我们专门针对 HR 新人创作了本书。本书从人力资源管理业务体系的构建和 HR 角色定位出发，对人力资源规划、招聘与配置、培训与开发、绩效管理、薪酬管理、劳动关系管理这 6 大人力资源管理业务模块中的 25 个具体的工作事项进行了系统化设计，并提供了解决这些人力资源管理问题的实用范例，以便帮助 HR 新人快速入门，实现从新手到卓越的 HR 职业经理人的跨越式成长。

《我的第一本 HR 入门书》（第 1 版）自出版以来，已销售数十万册，赢得了众多读者的关注和喜爱。他们给予了本书高度的评价，同时也针对书中存在的问题提出了客观的意见和有效的改进建议。在此，衷心感谢广大读者对弗布克的大力支持！

我们在对读者反映的问题和提出的意见进行充分研究的基础上，结合市场调研的结果及企业的现实需求，对《我的第一本 HR 入门书》（第 1 版）进行了改版。在此次改版过程中，我们更新了原书中的部分内容，目的就是使本书更有助于读者的实际工作。

概括来说，本书主要具有如下 3 大特点。

1. 内容：聚焦人力资源工作的关键环节和要点

本书聚焦于人力资源工作，细致地阐释了怎样从每一项具体的工作环节中学做HR。此外，结合"移动互联网"这一时代背景，我们在此次改版的过程中重点在招聘、培训、绩效、薪酬等核心模块中增添了如校园招聘、线上培训、OKR 考核等新内容，这样的设计使本书具有很强的前瞻性与指导性。

本书能帮助 HR 新手在最短的时间内找到并掌握人力资源管理的方法和技巧，从而破解在人力资源管理工作中遇到的各种难题，使各项工作开展得更得心应手。

2. 结构：从"纵向"与"横向"两个维度展开描述

本书从纵向上将人力资源管理6大业务模块细分为25个具体的工作事项；从横向上针对"纵向"的每项工作进行设计，并给出了配套的制度、方案、流程、图表和工具，还提供了120多个范例，是刚步入人力资源管理领域的HR新手的实战操作指南。

3. 形式：图、文、范例相结合

本书采用图文结合的形式，通过图、文、理、例的穿插讲解，为人力资源各项工作提供了具有很强的实操性的解决方案。此外，书中还有丰富的范例，可以使读者学以致用。

在编写本书的过程中，孙立宏、孙宗坤负责资料的收集和整理，贾月负责图表编排，李艳参与编写了本书的第1、2、3章，张丽萍参与编写了本书的第4、5、6章，周辉参与编写了本书的第7、8、9章，王楠参与编写了本书的第10、11、12、13章，程淑丽参与编写了本书的第14、15、16、17章，王淑燕参与编写了本书的第18、19、20、21章，王淑敏参与编写了本书的第22、23、24、25章，全书由王胜会统撰定稿。

目　录

第 1 章

定位：HR 的角色定位与业务

人力资源部作为企业中人力资源管理工作的执行部门，其主要职能是规划、选拔、配置、考核、培养和开发企业需要的各类人才，制定并实施企业各项薪酬福利措施及员工职业生涯发展规划，调动员工积极性，激发员工潜能，满足企业在人力资源方面的各种需求。

1.1 精准定位 HR 角色

随着知识经济时代的到来，人力资源成为企业的第一资源，同时也是企业获取竞争优势的重要源泉，人力资源管理逐步从传统的强调专业职能角色转向强调战略性。要实现这种转变，企业除了要从理论、方法和技术上解决如何让人力资源支撑企业战略这个问题外，还要对人力资源管理者的角色进行重新定位。

我们将人力资源管理者的角色定义为 5 种，如图 1-1 所示。

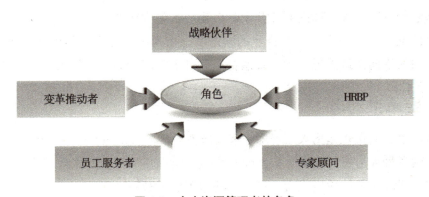

图 1-1　人力资源管理者的角色

1.1.1 战略伙伴

人力资源管理者的战略伙伴角色是指人力资源管理者要积极参与企业战略的制定和决策过程，提供基于企业战略的人力资源规划及系统的解决方案，以便将人力资源纳入企业的战略与经营管理活动当中，使人力资源管理与企业战略相结合。

1.1.2　HRBP

HRBP（Human Resources Bussiness Partner）又称为"人力资源业务合作伙伴"。这一角色是伴随着人力资源部门职能的分化和升级而出现的。

我们可以这样理解：HRBP 是企业派驻到各个业务部门或事业部的人力资源管理者，他们是人力资源部与业务部门之间的沟通桥梁，对业务部门要具有服务意识，并为其提供专业的人力资源解决方案。

对此，HRBP 至少需承担如下 3 种职能。

（1）从 HR 视角出发参与对业务部门的管理工作。

（2）向人力资源部反馈 HR 措施、项目的进程及措施的有效性。

（3）为业务部门的发展提供人力资源咨询服务。

1.1.3　专家顾问

专家顾问的角色是指帮助人力资源管理人员学会运用专业知识和技能开发企业人力资源的产品和服务，为解决企业人力资源问题提供服务和咨询，以提高企业人力资源开发和管理的有效性。

1.1.4　员工服务者

员工服务者的角色强调人力资源管理者要重视与本企业员工的沟通，及时了解员工需求和解释员工所关心的问题（开发新市场、扩建生产线和关闭厂房等），并为员工提供必要的支持，以提高员工对企业的满意度，增强员工对企业的忠诚度，完善企业与员工之间的双向沟通渠道，起到维系企业和员工之间的关系的作用。

1.1.5　变革推动者

变革推动者的角色是指人力资源管理人员主动参与组织的变革与创新，处理组织变革过程中的各种人力资源问题（如并购与重组、组织裁员和业务流程再造等），并帮助员工提高对组织变革的适应能力，最终推动组织变革顺利进行。

1.2　人力资源管理业务体系

1.2.1　人力资源战略与规划

人力资源战略是基于企业总体战略的要求，在对企业所处的内、外部环境和条件以及各种相关因素进行全面系统分析的基础上，从企业全局利益和发展前景出发，就企业人力资源开发与管理所作出的总体规划。

人力资源规划是指为了实现企业的战略目标，并为了满足未来一定时期内企业在人力资源质量和数量方面的需要，根据企业目前的人力资源状况，在人力资源方面可作的预测和相关事项。

1.2.2　组织设计与工作分析

组织设计与工作分析是人力资源管理活动的首要环节。

组织设计是以企业组织结构为核心的组织系统的整体设计工作，它是一个动态的工作过程。一个设计完善的组织机构可以帮助企业适应其所面临的环境变化，实现企业的战略目标，增强企业的竞争力，同时有助于企业内部的技术开发，以及人员素质的提升和企业经营效率的提高。

工作分析是对组织中某个特定岗位的设置目的、任务或职责、权限、工作条件和环境、任职资格等相关信息进行收集与分析，并对该职务的工作做出明确的规定，并且确定完成该工作所需的行为、条件、人员的过程。工作分析是人力资源管理工作的基础，其分析质量对其他人力资源管理模块具有举足轻重的影响。

1.2.3　招聘与录用

招聘是指为了实现企业的目标，人力资源管理部和相关职能部门根据组织战略和人力资源规划的需求，通过各种渠道和方法，把符合职位要求的求职者引进企业中来，以弥补岗位空缺的过程。从广义和狭义的角度上来说，招聘的内容是不同的，如图1-2所示。

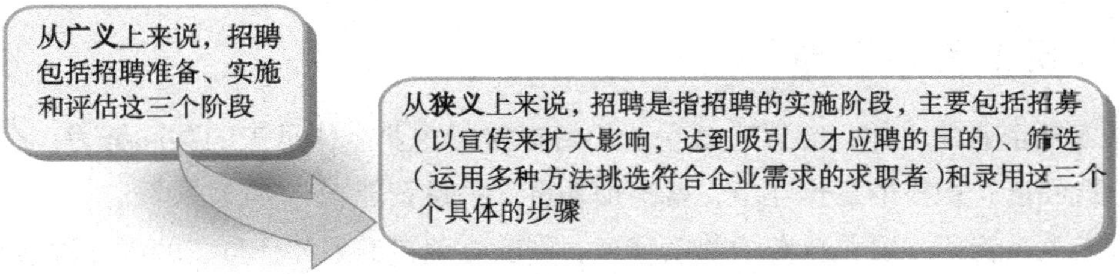

从广义上来说，招聘包括招聘准备、实施和评估这三个阶段

从狭义上来说，招聘是指招聘的实施阶段，主要包括招募（以宣传来扩大影响，达到吸引人才应聘的目的）、筛选（运用多种方法挑选符合企业需求的求职者）和录用这三个个具体的步骤

图1-2　广义与狭义角度的招聘内容

录用是人员招聘的重要环节之一，它主要涉及在对应聘人员进行挑选之后，对候选人进行录取和任用的一系列具体事宜（决定并通知录用人员、签订试用期合同、员工的初步安排、试用和正式录用等内容）。在这一环节，招聘者和求职者都要做出决策，以达成个人和岗位的最终匹配。

1.2.4 培训与开发

培训是指企业为了实现其战略发展目标，满足培养人才、提升员工职业素养的需求，采用各种方法对员工进行有计划的教育、培养和训练的活动过程；开发是指企业依据员工需求和组织发展需求对员工的潜能开发与职业发展进行系统设计与规划的过程。培训和开发的最终目的都是通过提升员工的能力实现员工与企业的共同成长。

企业通过有效的培训和开发可以传授给员工与工作相关的知识和技能，提高员工的工作能力，能为吸引和保留人才、培养学习型组织及营造优秀企业文化等方面提供必要的支持。

1.2.5 绩效管理

绩效管理是组织为实现企业发展战略目标，运用特定的标准和指标，采用科学的方法与员工共同进行绩效考核、绩效沟通、绩效评价和绩效反馈，以持续改进员工个人绩效，并最终提高组织绩效的管理过程。

绩效管理的目标是不断改善组织氛围，优化工作环境，持续激励员工，提高组织效率。有效的绩效管理有助于组织真正地了解自身，改善组织绩效，确保员工与组织目标一致，提高员工满意度，优化和协调人力资源管理等。

1.2.6 薪酬福利管理

薪酬福利管理是指HR部门在企业发展战略的指导下，对员工薪酬福利支付原则、薪酬福利策略、薪酬福利水平、薪酬福利结构进行分配和调整的动态管理过程。

科学有效的薪酬福利管理具有这些作用：推动和支持企业战略目标的实现，确立企业的竞争优势；满足员工的需求，激发员工潜能，提升员工能力；调和劳资关系等。

1.2.7 员工关系管理

员工是企业的主体，想要实现企业的目标需要企业全体员工的共同努力。企业若想要营造和谐、积极的工作环境，就得加强员工关系管理。

员工关系管理主要包含劳动关系管理、员工心理咨询服务、员工的内部沟通管理、员工的纪律管理等内容。

员工关系管理是企业人力资源部门的重要职能之一，良好的员工关系可以使员工在心理上获得一种满足感，有利于加强其工作意愿和积极性，也能在一定程度上帮助企业实现目标。

1.2.8　人力资源信息化

随着信息化时代的到来，信息技术正不断渗透到企业管理的每一个环节，企业各个管理部门越来越依赖信息化手段来实现对各个环节的管理，人力资源管理工作也不例外。

人力资源信息化是依赖信息技术对人力资源进行优化配置的一种管理方式。它是新经济时代中人力资源管理的趋势，可以帮助企业达到降低成本、提高效率、改进员工服务模式的目的。

1.2.9　企业文化

企业文化在加强企业内部凝聚力和外部竞争力方面能起到积极的作用，因此越来越受到人们的重视。

企业文化不是简单的几句口号，而是推动企业发展的动力。在当今竞争激烈的市场中，企业要想取得成功，就离不开良好的企业文化。

第 2 章

规划：人力资源战略规划与工作计划

2.1 人力资源战略规划与工作计划

完善的人力资源战略规划统领着企业的整个人力资源管理系统，同时也是企业制订各项人力资源计划的依据。

2.1.1 人力资源战略规划

人力资源战略规划源于企业战略规划。

人力资源战略规划有广义和狭义之分。广义的人力资源战略规划，是指根据组织的发展战略、目标及组织内外环境的变化，预测未来的组织任务和环境对组织的要求，以及为完成这些任务、满足这些要求而提供人力资源的过程；狭义的人力资源战略规划，是指对可能的人员需求、供给情况作出预测，并据此储备或减少相应的人力资源。

1. 企业人力资源战略规划的制定

企业人力资源战略规划是与企业的发展战略相匹配的人力资源总体规划，HR 部门可以依据以下信息来制定。

（1）企业人力资源信息调查和分析的结果。了解企业与人力资源相关的基本信息，例如企业组织结构的设置状况、岗位的设置情况；企业现有员工的工作情况、劳动定额及劳动负荷情况；企业未来的发展目标及任务计划、生产因素的可能变动的情况等。另外，还需对企业以外的市场中的人力资源进行基本的调查分析，如劳动力市场的状况等，这些信息都是企业人力资源规划的基础。

（2）企业人力资源需求和供给情况预测。即对企业的人力资源需求与供给情况进行预测。

2. 企业人力资源战略规划的内容

人力资源战略规划应主要阐明企业人力资源需求和配置的总框架，阐明人力资源管理的原则，具体包括人力资源数量规划、人力资源质量规划、人力资源结构规划等内容。

2.1.2 人力资源计划

1. 制订人力资源计划的必要性

在知识经济条件下，人力资源是企业最具决定性和最活跃的重要资源，这就决定了企业人力资源计划在企业发展计划中起着关键作用。人力资源计划是企业正常运营下去的保障，同时它也有利于企业对员工个人的培训和开发。制订人力资源计划的必要性主要体现在几个方面，如图2-1所示。

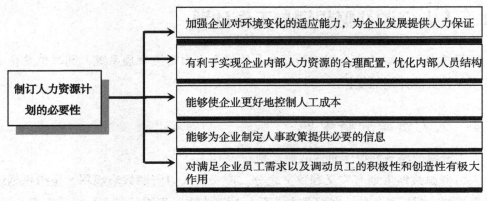

图2-1　制订人力资源计划的必要性

2. 人力资源计划的层次

人力资源计划可分为两个层次，分别是人力资源总体计划和人力资源业务计划。人力资源总体计划是指计划期内人力资源开发利用的总目标、总政策、实施步骤及总预算的安排；人力资源业务计划则包括人员补充计划、人员使用计划、人员接替与晋升计划、教育培训计划、评估与激励计划、劳动关系管理计划和退休解聘计划等。

2.2 人力资源供需预测

2.2.1 人力资源需求预测

人力资源需求预测是企业以自身的战略目标、发展规划和工作任务为出发点，综合考虑企业内部和外部各方面的因素，运用科学的预测方法，对人力资源需求的数量、质量和结构等进行的预测。

1. 人力资源需求预测的影响因素

人力资源需求预测的影响因素主要包括两个层面，即宏观层面和微观层面，各层面包含的因素如图 2-2 所示。

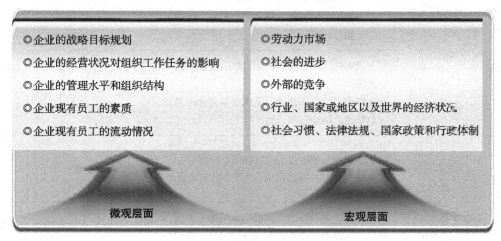

◎企业的战略目标规划
◎企业的经营状况对组织工作任务的影响
◎企业的管理水平和组织结构
◎企业现有员工的素质
◎企业现有员工的流动情况

◎劳动力市场
◎社会的进步
◎外部的竞争
◎行业、国家或地区以及世界的经济状况
◎社会习惯、法律法规、国家政策和行政体制

微观层面　　　　宏观层面

图 2-2　人力资源需求预测的影响因素

2. 人力资源需求预测的方法

人力资源需求预测受到多种因素影响，各部门在预测过程中应灵活运用定性预测方法和定量预测方法，并在实际执行过程中对预测结果不断地进行修正，以保证预测结果具有准确性。人力资源需求预测的方法如表 2-1 所示。

表 2-1　人力资源需求预测的方法

分类	方法	方法说明	适用范围
定性预测法	经验预测法	用以往的经验推测未来的人员需求	适用于一定时期内企业发展方向没有明显变化的小型企业
	现状规划法	1. 假定当前岗位设置和人员配置恰当，没有空缺且不存在人员总数扩充的情况，人员需求完全取决于人员退休、离职等状况 2. 人力资源预测就相当于人员退休、离职等情况的出现 3. 通过对历史资料的统计与分析，准确预测离职人数	适用于中、短期的人力资源预测
	德尔菲法（专家讨论法）	依靠专家的知识和经验，对未来做出判断性估计，为增强预测的可信度，可采取多次讨论法	适用于需要做长期人力资源预测的技术型企业

（续表）

分类	方法	方法说明	适用范围
定性预测法	自下而上法	1. 从企业组织结构底层开始逐步进行预测 2. 先对组织结构底层人员进行预测，然后将对各个部门的预测情况层层向上汇总，做出人力资源总体预测	适用于短期人力资源预测
定性预测法	自上而下法	1. 上级人员先拟订预测计划，然后逐级传达给下级 2. 下级进行讨论和修改，上级听取并集中意见后修改总体预测和计划	适用于需要做短期预测或需要在总体上对组织结构做出调整的企业
定量预测法	人力资源成本分析预测法	1. 从成本的角度进行人力资源需求预测 2. NHR 指未来一段时间内人力资源的需求量	适用于所有企业
定量预测法	定员法	根据企业人力资源现状预测出未来的人力资源状况，其预测方法主要有设备定员法、岗位定员法、比例定员法和生产率定员法	适用于大型企业和历史悠久的传统企业
定量预测法	趋势预测法	这是一种基于统计资料的定量预测方法，主要根据企业的历史人员数据来分析其在未来的变化趋势，并以此预测企业在未来某一时期的人力资源需求量	假设其他一切因素都保持不变或者变化幅度保持一致，忽略循环波动、季节波动和随机波动等
定量预测法	多元回归预测法	这是一种建立在统计技术上的人力资源需求预测方法，不只考虑像是时间、产量等这样的单个因素，还要考虑两个或两个以上的因素对人力资源需求的影响，更重视变量之间的因果关系，根据多个自变量的变化推测出因变量的变化趋势	适用于较成熟、规模较大的企业

2.2.2　人力资源供给预测

人力资源供给预测，是为满足企业未来某一时间节点或某一时期对员工的需求，对组织可从其内部及外部所能得到的员工数量和质量进行的预测。人力资源供给预测包括内部人力资源供给预测和外部人力资源供给预测。

1. 人力资源供给预测的影响因素

人力资源供给预测的影响因素主要有两个方面，分别是企业外部环境和企业内部环境，如图 2-3 所示。

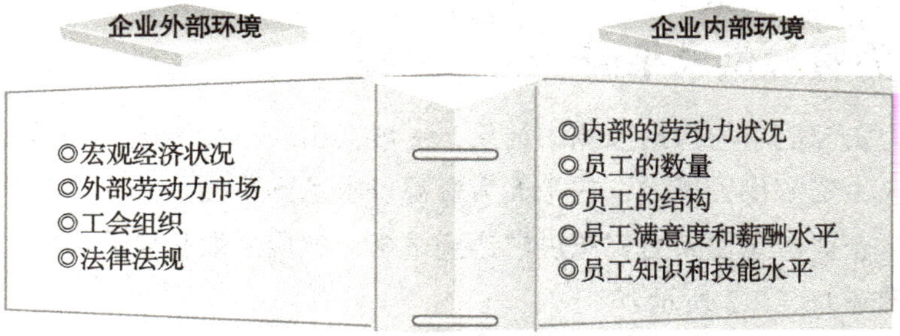

图2-3　人力资源供给预测影响因素

2. 人力资源供给预测的方法

企业在对企业人力资源供给进行预测时，需要从两个方面进行分析：一是企业内部人力资源供给，如对人员调动、晋升的预测；二是对企业外部人员补充的预测。

表2-2对人力资源内部供给预测方法做了相关说明。

表2-2　人力资源内部供给预测方法操作说明

方法	操作方法	特点
技能清单法	技能清单是一个用来反映员工工作能力特征的列表，包括技能、特殊资格、工资和工作经历、个人在企业内的情况、健康状况、其他特殊爱好等内容	技能清单反映了员工竞争力，可以用来帮助人力资源部预测现有员工调换工作岗位的可能性，进而促使企业决定由哪些员工补充企业当前的空缺
替换单法（接任计划）	1. 根据现有人员分布状况及绩效评估资料，在未来理想人员分布和流失率已知的情况下，对各个岗位尤其是管理层的备选人员提前做好安排，并记录各职位的备选人员预计可以晋升的空间，作为企业内部人力供给的参考 2. 经过规划，由待补充岗位空缺所需的晋升量和人员补充量可知人力资源供给量	1. 替换单法是一种定性研究方法，预测结果具有强烈的主观性和模糊性，精确性较差 2. 可以依据员工置换图执行，实施起来简单易行
德尔菲法	1. 同样适用于人力资源供给预测 2. 首先将要咨询的内容写成若干条意义明确的问题交给专家，由中间人归纳意见，并将意见反馈给专家，在此基础上由专家重新考虑其预测，得出最后的结论并说明过程和理由	1. 德尔菲法是一种定性研究方法，预测结果带有主观性 2. 预测时综合考虑社会环境、企业战略、人员流动率这三大因素对人力资源计划的影响
马尔科夫分析法	1. 找出过去人力资源变动的规律，推测未来人力资源变动的趋势 2. 前提是，假设受任何外部因素的影响，且t+1时刻的员工状态只依赖于t时刻的状态，而与t-1、t-2时刻的状态无关	1. 为企业提供精确的数据信息，有利于企业做出有效决策 2. 实施效果差

上述方法各有优劣，企业在实际运用过程中需根据自身规模的大小、周围环境条件及规划预测重点等，选择最适合本企业的预测方法或方法组合。

2.2.3　人力资源供求平衡

企业人力资源需求与供给预测的结果，一般会出现三种情况：一是人力资源供不应求；二是人力资源供大于求；三是人力资源供求达到平衡，但在企业内部层次和结构上不平衡。企业若想使人力资源供求达到平衡，就应采取相应的措施应对以上三种情况，具体措施如表 2-3 所示。

表 2-3　企业克服人力资源供求不平衡的措施

问题	措施
供不应求	1. 通过内部调剂，将符合条件而又处于相对空闲状态的员工调往空缺职位
	2. 内部调剂不能满足时，制定招聘政策，有计划地从外部招聘
	3. 在短缺不严重且员工有意延长工作时间的情况下，企业可采取延长工时、增加报酬的措施
	4. 完善企业资本的有机构成（通过提高企业的机械化水平，降低企业对劳动力的依赖程度，在一定程度上实现资本对劳动力的替代）
	5. 制订聘用非全日制临时用工计划（聘用小时工和返聘已退休者等）
	6. 聘用全日制临时工
供大于求	1. 永久性辞退某些工作态度差、技术水平低、劳动纪律观念差的员工
	2. 撤销或合并臃肿机构，减少冗员
	3. 鼓励提前退休和内退
	4. 加强培训工作，提高员工整体素质，为企业储备人力资本
	5. 缩短员工的工作时间，并随之降低员工的工资水平
	6. 使多名员工分担以往只需要一人或几人就可以完成的工作和任务，随之按照员工的工作任务完成量来计发工资
企业内部层次和结构不平衡	1. 制订晋升和培训计划
	2. 根据企业业务需要适当地展开辞退与招聘工作
	3. 适时地延长或缩短工作时间

2.2.4　报告：《人力资源需求预测报告》

《人力资源需求预测报告》
一、人力资源现状分析
1. 人员构成情况。企业自成立以来，通过不断地发展与积累，目前已经在生产和经营领域初步组建了一支素质较好、层次较高的人才队伍，共有员工＿＿＿人。企业具体人员构成情况如下表所示。

员工构成情况表

项目	具体分布情况							
职能分布	高层管理者		中层管理者		基层管理者		生产人员	
	人数	比例	人数	比例	人数	比例	人数	比例

（续）

（续表）

项目	具体分布情况							
学历分布	硕士及以上		本科		专科		专科以下	
	人数	比例	人数	比例	人数	比例	人数	比例
年龄构成	30 岁以下		31 ～ 40 岁		41 ～ 50 岁		51 岁以上	
	人数	比例	人数	比例	人数	比例	人数	比例

2. 人力资源现状分析结果。

（1）____% 的员工集中在 ×× 学历，具有高级技术职称的人员不多。

（2）年龄在 40 岁以下的员工占总人数的____%，他们具备进一步学习的能力。

（3）随着业务规模的不断扩大，企业对专业技术人才、一线生产人员、市场拓展人员均会有较大的需求。

二、未来人力资源流失预测

1. 未来退休人员预测。企业预计从_____年至_____年退休____人。本年度达到退休年龄人员仅有____人，相对于企业人员总数来说，退休人员很少，不会影响企业的规模，建议不做考虑。

2. 未来离职人员预测。企业预计从_____年至_____年离职____人，其中____人主动离职，____人被开除。总体来看，离职人数较少，基本集中在一线生产工人这一类别上，在未来离职人员预测中也可以不做考虑。

三、未来新增人员及主要岗位需求预测

为满足企业战略发展要求，未来人员需求将集中于投融资管理人才、专业技术人才和经营人才等。

1. 投融资管理人才需求。企业未来几年内将积累大量财务资源，急需投融资管理方面的人才，初步估计需要投融资管理人才____人。

2. 专业技术人才需求。企业预计____年将新增产品品种，新增一条生产线，初步估计需要具有生产专业技术中级及以上职称的人才____人，生产工人____人。

3. 业务经营人才需求。随着企业业务规模的扩大，将扩展销售领域和市场份额，可引进具有丰富业务管理经验、极具市场开拓精神的高级经营人才，初步估计需要业务经营人才____人。

四、未来人员净需求预测

企业____年各部门人员需求如下表所示。

____年各部门人员需求表

部门名称	新增岗位及人数	部门名称	新增岗位及人数
决策层	战略发展部____人	生产部	车间主任____人，生产工人____人
财务部	投融资主管人员____人	市场部	策划专员____人
技术部	技术研发人员____人	销售部	销售区域经理____人，销售专员____人
产品部	产品设计人员____人	质量部	检验员____人
行政部	人员不变	采购部	采购专员____人
人力资源部	人员不变	仓储部	人员不变
人员净需求	____人		

五、总结

（略）

13

2.3 编制人力资源工作计划

2.3.1 内容：人力资源工作计划框架

计划书名称	×× 企业 2012 年度人力资源工作计划书	版本	
		执行部门	

一、人力资源现状调查与分析
（一）企业人力资源现状调查（略）
（二）企业人力资源统计与分析（略）
二、企业本年度人力资源部总体目标
三、各项工作总体负责人
四、企业组织架构完善工作计划
（一）实施步骤
（二）实施注意事项
五、人力资源招聘与配置工作计划
（一）实施安排
（二）实施注意事项
六、员工培训与开发工作计划
（一）实施安排
（二）实施注意事项
七、薪酬管理工作计划
（一）实施步骤
（二）实施注意事项
八、绩效评价体系建设与运行工作计划
（一）实施安排
（二）实施注意事项

编制人员		审核人员		批准人员	
编制日期		审核日期		批准日期	

2.3.2 流程：人力资源工作计划编制流程

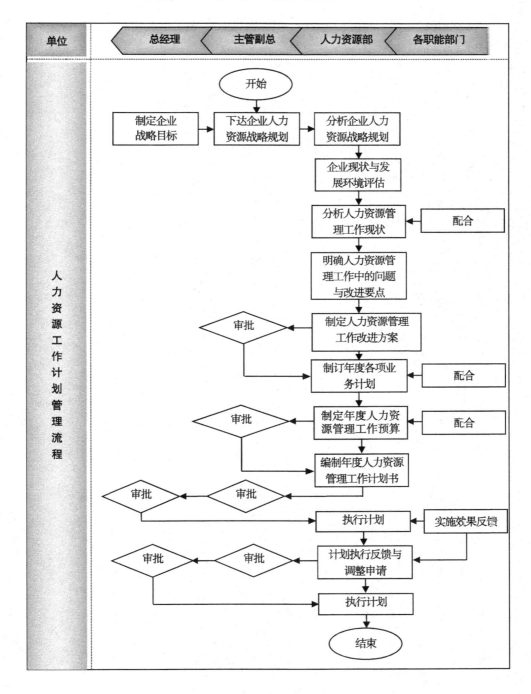

第 3 章

设计：如何设计组织结构

3.1 现代企业组织结构设计

组织结构设计是对组织的结构和活动进行创造、构建、变革和再设计的过程。组织结构反映了组织成员之间的分工协作关系。设计组织结构的目的就是更有效、更合理地整合组织成员的力量，形成组织合力，使成员们为实现组织的目标而协同努力。

3.1.1 企业组织结构的类型

企业组织结构的主要类型有：直线—职能制、矩阵制、事业部制和超事业部制，如表 3-1 所示。

表 3-1　企业组织结构类型

类型	含义	优点	缺点	适用范围
直线—职能制（直线参谋制）	把直线制与职能制结构相结合，在各级行政主管之下设置相应的职能部门，分别从事专业管理工作，作为该级行政主管的参谋，实行主管统一指挥与职能部门参谋、指导相结合	既保证了集中统一指挥，又能发挥各种专家业务管理作用	1. 各职能部门易自成体系，忽略信息的横向沟通，效率低 2. 职能部门缺乏弹性，对环境变化反应速度较慢 3. 可能引起高层决策的堆积，工作复杂程度加大	企业规模中等且职能部门不多的企业

（续表）

类型	含义	优点	缺点	适用范围
矩阵制（规划目标结构）	矩阵制组织形式是在直线—职能制垂直形态组织系统的基础上再增加一种横向的领导系统，可称之为"非长期固定性组织"	1. 加强了各职能部门的横向联系，具有较大的能动性和适应性 2. 组建起来方便，能有效节约成本 3. 较好地解决了组织结构过于稳定和管理任务多变的问题	1. 组织关系比较复杂，对项目负责人的要求较高 2. 成员岗位不固定，有临时观念，有时责任心不够强。人员受双重领导，有时不易分清责任	临时性工作任务较多或突发事件频繁的企业。特别适用于以开发与实验为主的企业，例如：科学研究，尤其是应用性研究单位
事业部制（分权制结构）	一种在直线制基础上演变而来的现代企业组织结构形式。它遵循"集中决策，分散经营"的总原则，按产品、地区和顾客等因素将企业划分成若干个相对独立的经营单位，分别组成事业部。各事业部实行独立核算，自负盈亏，可根据经营需要设置相应的职能部门	1. 高层领导可以摆脱企业日常事务，集中精力考虑全局问题 2. 事业部实行独立核算，更能发挥经营管理的积极性，有利于组织专业化生产和实现企业内部协作 3. 各事业部之间有比较、有竞争，并有利于企业发展	1. 企业与事业部的职能机构重叠，造成管理人员的浪费 2. 事业部实行独立核算，各事业部只考虑自身利益，影响事业部之间的协作	经营规模较大、生产经营业务多样化、市场环境差异大、具备较强适应性的企业
超事业部制（执行部制）	是一种在事业部制的基础上演变而来的现代组织机构，即在企业总经理与各个事业部之间增加一级管理机构	1. 可联合几个事业部的力量研发新产品，提供新服务，形成拳头优势 2. 增强了企业的灵活性和适应性 3. 高层领导可以摆脱企业日常事务，集中精力考虑全局问题	1. 管理层次增加，企业内部的纵、横向沟通问题紧迫 2. 管理人员增多，企业开支增加	规模巨大、产品（服务）种类较多的企业

3.1.2　组织结构实施的原则

　　明确组织结构的实施原则，有利于使组织结构形成一个系统的整体，并科学合理地发挥其应有的作用。新组织结构的实施原则如图 3-1 所示。

1　管理统一化原则

◎ 管理人员管理人数的多少要根据下级的分散程度、工作内容、完成工作的能力、上级的管理能力和标准化程度等条件来定

◎ 一般来说，从事简单日常工作的管理人员可管辖 15 ~ 30 人，从事复杂多变工作的管理人员可管辖 3 ~ 7 人

2　明确权责的原则

◎ 责任是指必须完成与职务相称的工作的义务，权限是指在完成工作任务时可以在一定限度内自行行使权力

◎ 责任是完成工作数量和质量的程度，权限则是强调在完成工作任务时应采用何种方法、手段和途径去实现目标

◎ 责任和权限相互联系、相互制约，二者同时存在

◎ 上级应建立灵活的组织，在委托责任于下属的同时赋予其相应的权利，以充分调动其积极性

3　优先组建管理机构原则

◎ 建立组织机构时，为了达到组织目标，组织机构应优先明确管理人员义务，使这些人员履行各自应尽的职责

4　分配职责原则

◎ 各级主管在分配工作、划分职责范围时，必须避免重复、遗漏、含糊不清等情况的出现

◎ 将相同性质的工作归纳起来进行分析

◎ 分配工作要具体、明确。注意对分配的每一项工作均不要划分过细，应促使多个下属共同承担，增强他们的责任感，并做到人岗匹配

图 3-1　新组织结构实施原则

3.1.3　组织结构图绘制的图式

组织结构图绘制的基本图式主要有四种，分别是组织结构图、组织职务图、组织职能图和组织功能图。

1. 组织结构图

组织结构图是说明企业各个部门及职能科室、业务部门的设置模式，以及它们之间的管理层次、相互之间的关系的图，如图 3-2 所示。

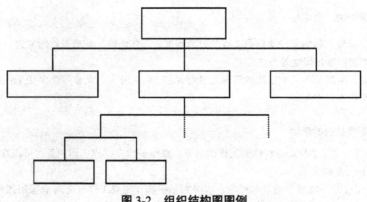

图 3-2　组织结构图图例

图 3-2 中的框代表某一工作岗位、职能和业务部门，横线表示机构之间的横向联系，垂线则表示上下级之间的领导与被领导的关系，结构图的层次必须要符合组织结构设计的要求。

2. 组织职务图

组织职务图表示机构中所设立的各种职务的名称和种类的图。组织职务图在说明人员编制情况时，也可以标注上现任职务人员的相关情况，如姓名、年龄和学历等，如图 3-3 所示。

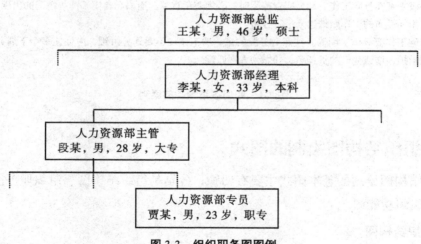

图 3-3　组织职务图图例

3. 组织职能图

组织职能图是表示各级行政负责人或员工主要职责范围的图，如图 3-4 所示。

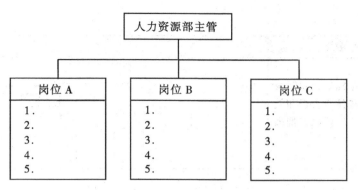

图3-4　组织职能图图例

4. 组织功能图

组织功能图表示某个机构或岗位主要功能的图，具体又可分为表3-2所示的几种图式。

表3-2　组织功能图图式表

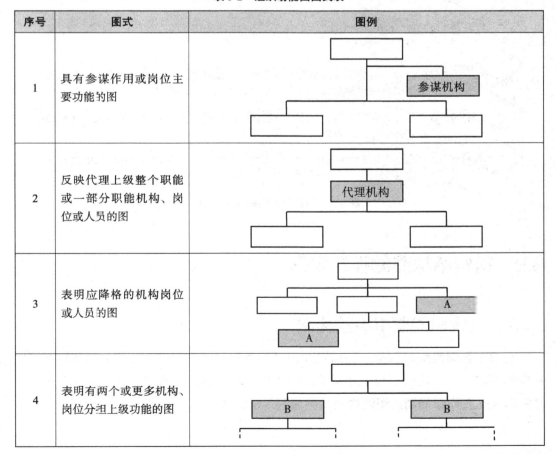

序号	图式	图例
1	具有参谋作用或岗位主要功能的图	
2	反映代理上级整个职能或一部分职能机构、岗位或人员的图	
3	表明应降格的机构岗位或人员的图	
4	表明有两个或更多机构、岗位分担上级功能的图	

（续表）

序号	图式	图例
5	表明现存脱离组织系统的或没有任何责任和权限的机构，例如咨询顾问机构	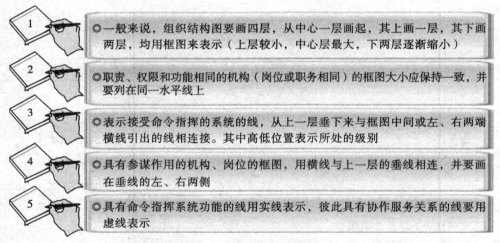

3.1.4　组织结构图绘制的方法

在绘制组织结构图时应注意采用统一、标准的方法，如图 3-5 所示。

1　◎一般来说，组织结构图要画四层，从中心一层画起，其上画一层，其下画两层，均用框图来表示（上层较小，中心层最大，下两层逐渐缩小）

2　◎职责、权限和功能相同的机构（岗位或职务相同）的框图大小应保持一致，并要列在同一水平线上

3　◎表示接受命令指挥的系统的线，从上一层垂下来与框图中间或左、右两端横线引出的线相连接。其中高低位置表示所处的级别

4　◎具有参谋作用的机构、岗位的框图，用横线与上一层的垂线相连，并要画在垂线的左、右两侧

5　◎具有命令指挥系统功能的线用实线表示，彼此具有协作服务关系的线要用虚线表示

图 3-5　组织结构图的绘制方法

3.2　组织结构图的设计实例

3.2.1　直线职能制组织结构图

直线职能制组织结构是一种以直线制结构为基础，在厂长（经理）的领导下设置相应的职能部门，试行厂长（经理）统一指挥与职能部门的参谋、指导相结合的组织结构形式，直线职能制组织结构图示例如图 3-6 所示。

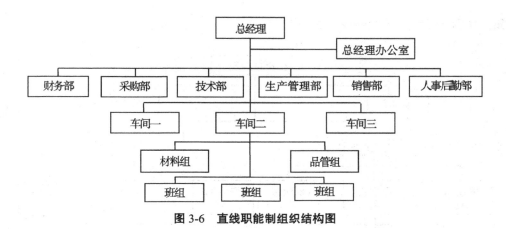

图 3-6　直线职能制组织结构图

3.2.2　事业部制组织结构图

以某企业的事业部组织结构图为例，企业由总裁统一领导和集中决策，按产品、地区和顾客的不同成立了三个事业部：事业部 A、事业部 B 和事业部 C，各事业部在经营管理方面拥有较大的自主权，实行独立核算，自负盈亏，并根据经营需要设置了相应的研发、生产、营销和财务部门。

总裁主要负责研究和制定重大方针和政策，掌握投资、重要人员任免、调整产品价格和经营监督等方面的大权，并通过指标对事业部 A、事业部 B 和事业部 C 实施控制，如图 3-7 所示（此图仅供参考）。

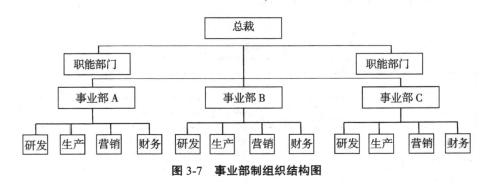

图 3-7　事业部制组织结构图

3.2.3　超事业部制组织结构图

超事业部组织结构是对事业部组织结构图的扩展和延伸，以某企业的超事业部组织结构图为例，企业根据产品和地域的不同成立了 6 个事业部，如图 3-8 所示。

为了便于 A 区域、B 区域事业部之间的协调和管理，总企业成立了两个超事业部：A 区域超事业部、B 区域超事业部，由它们分别负责管理和协调 A 区域、B 区域的事业部，如图 3-8 所示（此图仅供参考）。

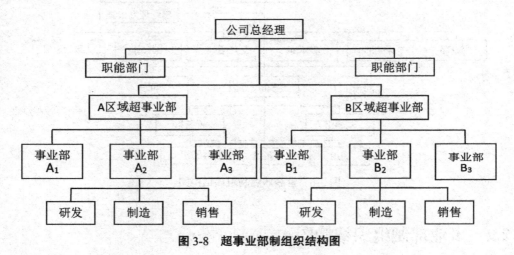

图 3-8　超事业部制组织结构图

3.2.4　矩阵制组织结构图

以某企业的矩阵制组织结构图为例，该企业把按职能划分的部门系统（职能部门 1、职能部门 2、职能部门 3 和职能部门 4）和按项目划分的小组系统（项目小组 1、项目小组 2、项目小组 3 和项目小组 4）结合起来组成一个矩阵，使同一名员工既同原职能部门保持组织与业务上的联系又参加所在项目的工作，同时听从所在职能部门和项目小组的双重命令，如图 3-9 所示（此图仅供参考）。

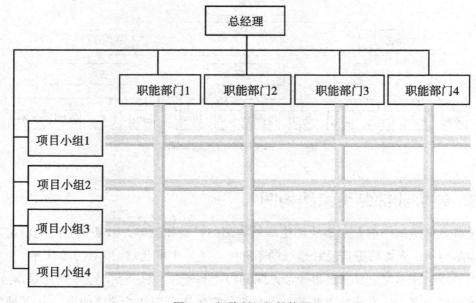

图 3-9　矩阵制组织结构图

第 4 章

调查分析：如何进行工作岗位调查与工作分析

工作岗位调查和工作分析是人力资源管理的重要基础工作之一，人力资源管理人员应掌握其基本的概念、实施流程及方法。

4.1 工作岗位调查

工作岗位调查是以工作岗位为调查对象，采用科学的研究方法，收集与岗位有关的各种信息和资料的过程。

4.1.1 工作岗位研究

工作岗位研究是岗位调查、岗位分析、岗位设计、岗位评价和岗位分级等各项活动的总称。

工作岗位研究是指以企业各类工作岗位为研究对象，采用科学的方法，经过岗位调查、岗位分析、岗位设计、岗位评价和岗位分级等多个环节，制定出《岗位说明书》等人力资源管理文件的过程。

工作岗位研究能为人力资源的战略规划、招聘配置、绩效考评、培训开发、薪酬福利和员工关系管理等提供参考和标准，其特点和实施原则如图 4-1 所示。

图 4-1　工作岗位研究的特点及原则

4.1.2 工作岗位调查方式

工作岗位调查有多种具体的方式，但就其实质而言，主要可以归纳为面谈、现场观测和书面调查这 3 种基本方式。

1. 面谈

面谈是指为了获得岗位的相关信息，调查者和该岗位相关的人员（如该岗位的上级、该岗位工作人员、该岗位下级等）进行面对面的交流，达到了解该岗位情况的目的。通过面谈，调查者既可以掌握现场观测和书面调查所不能获得的资料和情报，又能进一步证明现有资料的真实性和可靠性。

为了保证面谈科学有效，调查者在面谈过程中（主要包括面谈前和面谈中）应注意图 4-2 所示的几点。

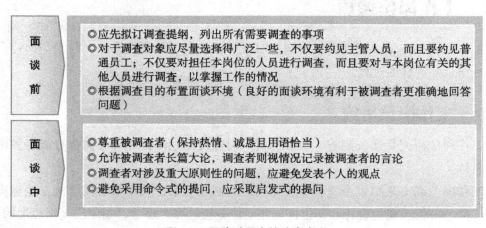

图 4-2　面谈过程中的注意事项

2. 现场观测

现场观测是指调查者直接到现场进行实地观察和测定的方法，包括测时、工作日写实和工作抽样等。调查者在进行现场观测时应注意如图 4-3 所示的几点。

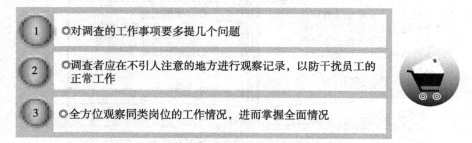

图 4-3　现场观测的注意事项

26

3. 书面调查

书面调查是指利用调查表进行调查的方式。调查表由专业人员在调查之前进行设计，被调查者在收到调查表之后，需逐一填写相关内容。

书面调查结果的可靠性和准确性一般受到两个因素的影响：第一，调查者所设计的调查表的合理性；第二，被调查者的文化水平的高低以及填表时的诚意、兴趣和态度。

4.1.3 工作岗位调查方法

工作岗位调查的方法主要有岗位写实、作业测时、岗位抽样、技术会议法、结构调查表、日志法、关键事件法、设计信息法、活动记录法和档案资料法等。企业在进行工作岗位调查时，可根据被调查对象所处的环境和条件等选择合适的方法。接下来，我们将简单介绍一下岗位写实、作业测时、岗位抽样这三种方法。

1. 岗位写实

岗位写实是调查者对被调查者的工作过程进行全面观察、记录和分析的信息采集方法。根据岗位调查对象的不同，岗位写实可分为个人岗位写实、工组岗位写实、多机台看管写实、特殊岗位写实、自我岗位写实等。

2. 作业测时

作业测时是以工序或某一项作业为对象，按照操作顺序进行实地观察、记录、测量和研究工时消耗的一种方法。

3. 岗位抽样

岗位抽样是统计抽样法在岗位调查中的具体运用，是根据概率论和数理统计学的原理对工作岗位随机进行抽样调查，并利用抽样调查得到的数据资料对总体状况进行推断的一种方法。

4.2 工作分析

为了保证工作分析的有效性，人力资源管理人员在进行工作分析时应选择恰当的时机、合适的方法，并遵循一定的程序开展相关工作。

4.2.1 工作分析概述

工作分析又称"岗位分析"或"职务分析"，它是指通过全面的信息收集，对某项特定工作作出明确规定，并确定完成这一项工作所需的知识、技能等资格条件的过程，它是人力资源工作的基础。

1. 工作分析时机

（1）新成立或没有进行过工作分析的企业。新成立或没有进行过工作分析的企业要进行工作分析，这样可以为后续的人力资源管理工作打下良好的基础。

（2）职位有变动。当职位的工作内容等因素有变动时，相关人员应该对该职位的变动部分重新进行工作分析，以保证工作分析成果的有效性和准确性。要注意的是，在职位变动时，往往并不是一个职位发生改变，而是与之相关联的其他职位也会发生相应的变化。

（3）企业发展的关键时期和变革时期。当企业发展处于关键期或变革期时，也就是说，在出现这些情况时相关人员需要进行系统的工作分析，具体包括：新的岗位出现，新的工作任务产生，工作再设计、合并或拆分，组织和工作流程发生变更，新的部门成立，战略或策略有所调整等。

2. 工作分析成果

企业对职位信息进行收集、整理、分析后，将得到两种工作分析成果，即《职位说明书》和《职位分析报告》，如图4-4所示。

| 《职位说明书》 | ◎职位描述，主要是对职位的内容进行概括，包括设立该职位的目的、该职位的基本职责、工作权限、业绩标准和履行职责的程序等内容
◎职位的任职资格要求，主要是对任职人员标准和规范的概括，包括该职位的行为标准，胜任该职位所需的知识、技能、能力和个性特征以及对人员的培训需求等内容 |
| 《职位分析报告》 | ◎内容较为广泛，主要用于阐述在职位分析过程中所发现的组织与管理上的问题和解决方案等
◎主要包括组织结构与职位设置、流程设计与运行、组织权责体系、工作方式和方法以及人力资源管理中的问题与解决方案等内容 |

图4-4　工作分析的两种成果

4.2.2　工作分析程序

工作分析包括准备、实施、结果形成和应用与反馈这4个阶段，如图4-5所示。

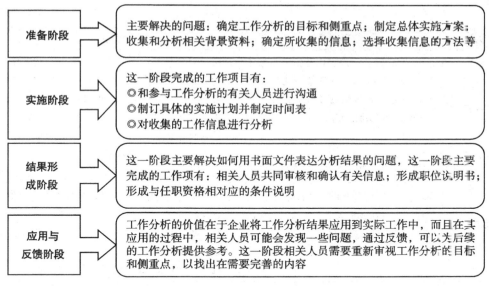

图 4-5 工作分析实施程序

4.2.3 工作分析方法

按照不同的标准，我们可以将工作分析方法分为不同的类型。按照分析结果的可量化程度，我们可将工作分析方法分为定性分析法和定量分析法。定性分析法主要有观察法、问卷法、访谈法、关键事件法和工作日志法等。企业常用的定性工作分析方法如表 4-1 所示。

表 4-1 定性工作分析方法

方法	含义	具体内容
观察法	工作分析人员必须到工作现场实地查看员工的实际操作情况，并通过观察，将有关的工作内容、方法、程序和工作环境等信息记录下来，并将取得的信息归纳整理为适合使用的文字资料的方法	1. 主要方法：直接观察法（观察员工工作的全过程）、阶段观察法（分阶段对某一职位的工作事项进行观察）和工作表演法（要求被观察者当场表演完成某一工作事项并对其进行观察） 2. 适用于工作周期短、规律性强的职位及流水线岗位
问卷法	根据工作分析的目的和内容等，由分析人员事先设计一套岗位调查问卷，再由被调查者填写，最后将问卷进行汇总，从中找出有代表性的回答，对相关信息进行表述的方法	1. 主要形式：开放式问卷（设计的问卷只有问题而没有给出备选答案）、封闭式问卷（被调查者在工作分析人员设计的备选答案中选择合适的答案）和混合式问卷 2. 在设计问题时应注意：将易回答的问题放在前面；按照逻辑顺序排列问题；先问开放性的问题，后问与职位相关性强的问题

（续表）

方法	含义	具体内容
访谈法	亦称"面谈法"，是工作分析人员按事先拟订的访谈提纲，就某一岗位与访谈对象进行面对面的交流和讨论，从而收集岗位信息的方法	1. 访谈对象包括：该职位的任职者、对工作较熟悉的直接主管人员、与该职位工作联系较为密切的工作人员及任职者的下属等 2. 主要形式：个别员工访谈法、集体访谈法和主管人员访谈法（指工作分析人员与某一岗位任职者的直接领导进行面谈）
关键事件法	分析人员、管理人员或本岗位员工将工作过程中的"关键事件"的详细情况加以记录，并在收集大量信息后对岗位的特征和要求进行分析的方法	1. 收集关键事件信息的途径主要为访谈和工作会议 2. 相关人员在使用关键事件法的过程中应注意：调查期限不宜过短；关键事件的数量应足够说明问题，事件数目不能太少；正反面的事件都要兼顾，不能失之偏颇 3. 适用于员工很多或职位工作内容过于繁杂的工作
工作日志法	亦称"工作写实法"，是让员工在一段时间内依工作日记或工作笔记的形式记录日常工作，进而从中获得有关岗位工作信息资料的方法	1. 优点：如果将信息记录得非常详细，会得到使用其他方法无法获得的细节；对高水平和复杂工作的分析比较经济、有效 2. 缺点：工作日志内容的真实性难以保证

企业常用的定量分析法主要有职位分析问卷法（the position analysis questionnaire，PAQ）、管理岗位描述问卷法（management position description questionnaire，MPDQ）和功能性工作分析法（functional job analysis，FJA）等，如表 4-2 所示。

表 4-2　定量工作分析方法

方法	内容	相关说明
职位分析问卷法（PAQ）	含义	1972 年由普渡大学教授麦考密克（E. J. McComick）提出的结构化的职位分析问卷，是以人员为导向（通过描述人员的行为，揭示组织、工作和人三者之间的关系，得出该项工作的要求及重点）的职务分析系统，也是一种适用性很强的数量化工作分析方法
	项目与类别	1. PAQ 包括 194 个项目，其中 187 项被用来分析完成工作过程中员工活动的特征，另外 7 项涉及薪酬问题 2. 所有的项目被划分为 6 个类别：信息输入、思考过程、工作产出、人际关系、工作环境和其他特征
	6 个计分标准	信息使用度、耗费时间、适用性、对工作的重要程度、发生的可能性以及特殊计分
	5 个基本尺度	拥有决策、沟通能力，执行技术性工作的能力，身体灵活性与完成体力活动的能力，操作设备与器具的能力和处理资料的能力及相关的条件

（续表）

方法	内容	相关说明
职位分析问卷法（PAQ）	3个步骤	1. 首先分析每一个项目要素是否属于该项工作 2. 再根据计分标准对每个工作要素进行衡量，给出主观评分 3. 最后运用评价尺度对所分析的工作进行分析核查，确定该工作的剖面分数，确定职务的等级
	优点	1. 同时考虑了员工和工作两个变量因素，得到各种工作所需的基础技能与行为的标准化描述，为人事调查、薪酬标准制定等提供了依据 2. 有量化的基本尺度，可得出每一类工作的技能数值与等级，有助于工作评估及人员甄选 3. 无须修改便可用于不同的组织和工作，易于各组织间的工作比较，使工作分析更加准确与合理
	缺点	1. 耗时、烦琐，仅适合对新组织、新职位进行分析 2. 没有对职务的特殊工作活动进行描述 3. 不易区分不同工作的差异 4. 可读性差，对使用者要求较高
管理岗位描述问卷法（MPDQ）	含义	MPDQ 由托纳和平托在 1976 年提出，是一种结构化和以工作为导向的问卷，分析对象是管理人员和督导人员，由任职人员独自完成。它的目的是确保组织拥有高素质的管理人才
	2个特殊问题	在分析管理者工作时应注意： 1. 管理者经常试图使工作适应自己，而不是使自己适应工作 2. 管理工作具有非程序化的特点，经常随时间的变化而变化，需考察的时间较长
	特点	1. 通过各种回答的形式，MPDQ 能够提供关于管理职位的多种信息，如工作行为、工作联系、工作范围、决策过程、素质要求及上下级之间的汇报关系等 2. MPDQ 的分析结果将形成管理职位描述、《管理职位价值报告》和《管理职位任职资格报告》等多种报告形式以应用到工作比较、工作评价、管理人员开发、绩效评价、甄选／晋升以及工作设计等人力资源管理职能中去
	类别	1. MPDQ 包括 208 个用来描述管理人员工作的问题，这些问题可被划分为 13 个类别：产品、市场、财务与战略计划、与组织其他部门和人员的协调、内部业务的控制、产品和服务责任、公共关系与客户关系、高层次的咨询指导、行动的自主性、财务审批权、雇员服务、员工监督、工作复杂性和压力、重要财务责任和广泛的人事责任 2. 在实施时，MPDQ 将每个工作要素评定为 0～4 个等级、5 分制的评价尺度，此时问卷填写者需针对每个问题所描述的活动，评定该项活动相对于该工作所包含的所有其他项目的重要程度以及发生频率

（续表）

方法	内容	相关说明
管理岗位描述问卷法（MPDQ）	优点	1. 适用于不同组织内管理层级以上的职位分析，具有较强的针对性 2. 为培养管理者指明了方向，也为正确评估管理工作提供了依据 3. 为管理工作的分类和确定管理职业发展路径提供了依据 4. 为管理人员的薪酬设计、选拔程序及提炼绩效考核指标奠定了基础
	缺点	1. 成本较高，投入较大 2. 由于管理工作的复杂性，难以深入分析所有类型的管理工作
功能性工作分析法（FJA）	含义	1. 这是由美国训练与就业署开发出来的功能性工作分析，是一种以工作为中心的分析方法。FJA 以工作者应发挥的职能为核心，对工作的每项任务要求进行详细分析，对工作内容的描述全面具体 2. 每一项工作的功能都反映在它与资料、人、事这 3 个要素的关系上，相关人员可由此对工作进行分析评估。具体应用为用一组代表"员工功能"的基本活动来描述一名员工事实上能对信息、人、事情做些什么，各类基本功能均有其重要性的等级，数值越小，代表的等级越高；反之则不然。最后 3 项得分的总和就成为此项工作的等级划分基础
	特点	1. 采用此种方法进行工作分析时，各项工作均会出现数值，相关人员可以据此决定薪酬和待遇标准 2. FJA 方法同样也可以对工作环境、机器与工具和员工特征等进行量化分析
	优点	对工作内容描述彻底，有利于建立工作绩效标准，确定培训内容，甚至是选拔要素
	缺点	1. 对每项任务都要求做某种详细分析，因而撰写起来相当费时费力 2. 不记录有关工作背景信息，对员工必备条件的描述不理想

工作分析方法不同，其利弊也不同。人力资源管理者在进行具体的工作分析时，要结合企业自身的实际情况、工作分析本身的优缺点以及工作分析的目的和工作分析的对象等来选择不同的方法。

4.3 工作再设计

科学的工作分析是进行有效工作设计的前提，人力资源管理人员只有在详尽、科学的工作分析的基础上才能够设计出有助于企业发展的工作职位。

工作设计是指对完成工作的方式和需要完成的任务进行界定，主要是针对新设定的职位而进行的。工作再设计则是指为了适应工作设计的动态性而进行的适应性修正活动，即改变某种已有工作中的任务或改变其工作完成方式的过程，这一过程的主要任务是对现有工作进行重新设计。

4.3.1 工作评价

工作分析是进行工作评价的前提。工作评价亦称"职位评价"或"岗位评价"，它是在工作分析的基础上，对岗位的责任大小、工作强度、所需资格等条件进行评价，以确定岗位相对价值等过程。合理的工作评价为建立公平合理的薪资和奖励制度提供了科学依据，为招募甄选、职位管理、绩效考评等人力资源决策提供了参考。

企业若要进行岗位评价，首先要有一套适用于本企业生产经营特点的岗位功能测试指标。工作评价指标一般要围绕工作责任、劳动技能、劳动强度、劳动条件及劳动心理这5个要素。在实际工作中，为了便于对5个要因素进行评定，人力资源管理者可根据企业实际需要将每个要素进行分解，如图4-6所示。

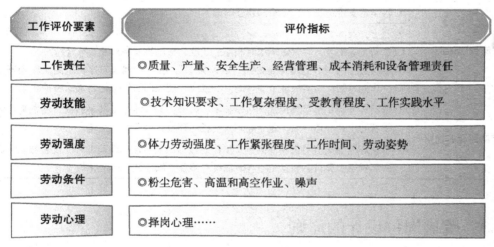

图 4-6　工作评价指标

4.3.2 改进岗位设计的内容

改进岗位设计是为了满足企业劳动分工与协作，不断提高生产效率、增加产出和满足劳动者在心理等方面的需求。

为了使岗位设计能满足企业和员工的需要，人力资源管理者可从岗位工作扩大化与丰富化、岗位工作的满负荷、岗位工时工作制和劳动环境的优化这4个方面对其进行改进，如表4-3所示。

表4-3 改进岗位设计的内容

内容	相关说明
工作扩大化与丰富化	1. 工作扩大化是将属于分工很细的作业单位合并，由一人负责一道工序改为几个人共同负责几道工序
	2. 工作丰富化即纵向扩大控制权，可将经营管理人员的部分职能转由生产者承担，工作范围沿组织形式的方向垂直扩大
	3. 两者的差异为：前者是通过增加任务和扩大岗位任务结构，使员工完成任务的内容、形式和手段发生变更；而后者则是通过充实岗位工作内容，使岗位的工作变得丰富多彩，更有利于员工的身心健康
岗位工作满负荷	1. 有限的劳动时间应当得到充分利用
	2. 相关人员在岗位设计过程中，应当重视对岗位任务量的分析，设计出先进合理的岗位劳动定员定额标准，切实保证岗位工作的满负荷
岗位工时制	1. 科学地安排员工工作轮班和作业时间
	2. 两个方面的意义 （1）对企业来说，它将影响工时利用的状况、劳动生产率以及整体经济效益 （2）对员工来说，它将体现如何"以人为本"，科学合理地安排员工的工作轮班和作业时间，切实保证劳动者的身心健康，使他们始终保持旺盛的精神状态
劳动环境的优化	1. 劳动环境优化是指利用现代科学技术，改善劳动环境中的各种因素，使之契合劳动者的生理心理特点，建立起"人—机—环境"的最优化系统
	2. 劳动环境优化应考虑物质因素（工作地点、照明与色彩以及设备、仪表和操纵器的配置等）和自然因素（空气、温度、湿度、噪声和厂区绿化等）

4.3.3 改进岗位设计的原则

企业在进行改进岗位设计时必须遵循一定的原则，才能实现组织内人力资源的最优化配置，提升企业的竞争力。改进岗位设计的原则主要有3个，如图4-7所示。

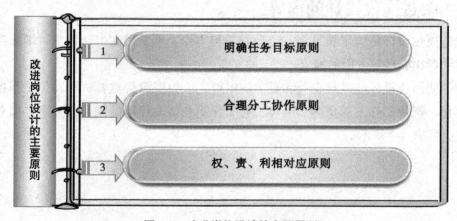

图4-7 改进岗位设计的主要原则

4.3.4 工作设计的基本方法

工作设计的目的或关注重点不同，工作设计的方法也不同，我们将对几种工作设计的方法做相关介绍。

1. 基于工作效率的方法

机械型工作设计法是基于工作效率的设计方法，该方法强调找到一种使效率最大化，同时最简单的方式来调整工作，通常包括降低工作的复杂程度，尽量让工作简单化。这种基于工作效率的设计方法既能使工作安全、简单、可靠，又能使员工工作中的精神需要最小化。

2. 基于工效学思想的方法

基于工效学思想的设计方法主要表现为两种：生物型工作设计方法和直觉运动型工作设计方法，如表 4-4 所示。

表 4-4 基于工效学思想的两种方法

方法	相关说明
生物型工作设计方法	1. 通常用于体力要求比较高的职位的工作设计
	2. 目的是降低某些特定的职位对体力的需求，从而使任何人都能够完成这些职位的相关工作
	3. 较关注对机器和技术的设计
直觉运动型工作设计方法	1. 关注人的心理和心理局限
	2. 通过降低工作对信息加工的要求来加强工作的可靠性和安全性

3. 基于人际关系理论及工作特征的方法

基于人际关系理论及工作特征模型理论的设计方法为激励型工作设计法。该方法主要通过工作扩大化、工作丰富化、工作轮换、工作专业化、弹性工作制等形式来增强工作的激励性。

4. 工作设计的综合模式

社会技术系统是工作设计综合模式的体现，它强调确立工作群体的工作职责并平衡工作的社会性和技术性。

社会技术系统的核心思想是：如果工作设计要使员工提升工作效率又能满足他们的成就需求，就必须兼顾技术性与社会性，技术性任务的实施总要受到企业文化、员工价值观及其他社会因素的影响。

第 5 章

职能职责：如何编制说明书

《部门和岗位说明书》是人力资源管理中重要的工作指导文件，它能为人力资源管理的多项工作提供决策依据。《部门和岗位说明书》的编制应建立在认清企业目标，并对企业、部门和岗位目标进行层层分解的基础之上。

5.1 职能分解：如何编制《部门和岗位说明书》

部门职能分解是从部门的总体职能出发逐级分解，以明确各部门、各岗位的具体职责，它能为《部门和岗位说明书》的编制提供依据。

5.1.1 要求：部门职能分解的要求

所谓"职能分解"，就是通过组织结构设计使企业各个职能部门的责、权、利相互匹配，最终形成一种最佳的业务组合和协作模式。

所谓"部门职能分解"，是在职能分析的基础上，将部门应该具备的各项职能细化为独立的、可操作的具体业务活动；是通过可量化的工具与相关方法澄清部门定位与职责，避免职责重叠或工作出现遗漏，实现管理中职责与权限无重叠又无空白的设计目标。部门职能分解的要求如图 5-1 所示。

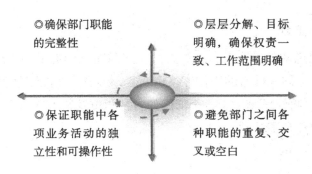

图 5-1 部门职能分解的要求

5.1.2 步骤：部门职能分解的步骤

部门职能分解可按职能调查和识别、职能分解与组合、编制职能分解表这 3 个步骤进行。

1. 职能调查和识别

为了确保职能分解的顺利进行，相关人员首先应将企业的各项业务和管理工作进行排列，并将其编制成一个"职能调查表"，然后对其进行识别，以确认企业的各项工作内容具体由哪一部或哪一岗位的人员来承担。"职能调查表"的示例如表 5-1 所示。

表 5-1　职能调查表的示例

部门名称		上级或分管上级 岗位名称		下属部门名称	
本部门目前职能	主要职能		具体工作内容		
	一般职能		具体工作内容		
与其他部门之间的关系	为本部门提供支持或服务的部门		支持或服务的具体内容、方式		
	需本部门提供支持或服务的部门		支持或服务的具体内容、方式		
履行本职工作所需条件	工作条件				
	权限				
对本部门职能调整建议	应增加职能		原因		
	应调整职能		原因		
其他相关说明					

对职能进行识别及优化的工作则可以通过对职能的删减、简化和合并这 3 种方式来实现。

2. 职能分解与组合

在编制好"职能调查表"后，相关人员应在职能识别的基础上对其进行归纳，把属于同一职位或属于同一部门的工作汇总到一起，形成"职能汇总表"。

"职能汇总表"将组织结构中各个部门的各种职位及其工作内容对应罗列，为"职能分解表"的编制奠定了基础。

3. 编制职能分解表

职能分解的最后一个环节是编制"职能分解表"，即将各个部门的职能划分为 3 个层级，并通过表格将各层级的具体内容表述清楚，如表 5-2 所示。

表 5-2 部门一级、二级、三级职能的内涵及特点

职能 项目	一级职能	二级职能	三级职能
内涵	通常用一句话来表述本部门的主要业务和管理职能	是为了完成一级职能所需要开展的重要工作	是为了完成二级职能开展的一些具体业务工作
特点	仅仅是对部门职能的宏观描述，不具备可操作性	严格地讲，这些子职能较宏观，是某一方面而不是具体的工作事项，很难直接操作	是一些具体的作业项目，具备可操作性

5.1.3 模板：部门职能分解的模板

人力资源管理人员需要按照职能分解的步骤和要求逐步进行部门职能分解，再将分解项目以表格等模板的形式直观地呈现出来，使其一目了然并有助于提高工作效率。部门职能分解模板如表 5-3 所示。

表 5-3 部门职能分解模板

一级职能	二级职能	三级职能
	1.	（1） （2）
	2.	（1） （2）

5.1.4 举例：人力资源部职能分解

作为企业人力资源的管理部门，人力资源部的主要职能有：选拔、配置、开发、考核和培养企业所需的各类人才；实施各项薪酬福利政策及员工职业生涯规划，调动员工积极性，激发员工潜能；实现企业人力资源的合理配置，满足企业持续发展对人力资源的需求。表 5-4 为"人力资源部职能分解表"，仅供参考。

表 5-4 人力资源部职能分解

一级职能	二级职能	三级职能
人力资源管理与开发	1. 人力资源制度建设与管理	（1）组织编制、修定与实施企业各项人力资源管理规章制度 （2）编制员工手册，建立员工日常管理规范 （3）执行企业人力资源管理制度和相关管理办法，并具体组织实施 （4）完善各项人力资源管理制度与人力资源政策、制度配套的工作流程和操作规范

（续表）

一级职能	二级职能	三级职能
人力资源管理与开发	2. 人力资源规划	（1）结合企业的性质及生产经营特点，进行组织结构设计 （2）调整、优化组织结构，规范岗位设置 （3）负责研究、制定并组织实施企业人力资源战略 （4）制订并实施人力资源各项业务计划
	3. 职位管理	（1）负责企业及下属单位的职位设置工作，合理控制各部门、各下属单位的编制和定员 （2）组织、指导各部门编写《职位说明书》，审核和汇总各部门编写的《职位说明书》 （3）定期对《职位说明书》进行修改、补充
	4. 招聘与配置	（1）制订年度人力资源需求计划、招聘计划 （2）负责招聘渠道的拓展与维护工作 （3）负责招聘过程中的人才测评与面试等工作 （4）建立后备人才选拔方案和人才储备机制 （5）合理配置新招聘的员工 （6）根据员工能力与企业发展需求，对现有员工进行不定期评估并据此进行合理的配置
	5. 培训与开发	（1）负责企业培训计划的制订与实施 （2）负责培训课程的开发与管理 （3）监督、指导企业各部门的教育培训工作 （4）管理企业员工因公出国培训、学历教育和继续教育等培训工作
	6. 绩效管理	（1）构建绩效管理指标体系 （2）管理并实施企业员工的业绩考核工作
	7. 薪酬福利管理	（1）收集同行业薪酬信息，为企业薪酬决策提供依据 （2）设计具有激励性并符合企业实际情况的薪酬方案 （3）制定企业人工成本预算并监督其执行情况 （4）负责员工薪资福利的调整与奖惩实施工作
	8. 员工关系管理	（1）定期进行员工满意度调查，建立良好的沟通渠道 （2）负责企业员工劳动合同、人事档案等资料的管理工作 （3）负责处理员工离职与劳务纠纷
	9. 企业文化建设	（1）通过各种形式建立企业文化体系并发挥企业文化的牵引作用 （2）负责开展企业文化工作，推进对内对外的宣传工作，塑造良好的企业形象，营造良好的工作氛围

5.2 职责描述：如何编制《岗位说明书》

《部门说明书》为《岗位说明书》的编制提供了客观依据。《岗位说明书》是指对工作性质、任务、环境、工作处理方法以及岗位工作人员的任职资格所作的书面记录。

科学合理的《岗位说明书》不但可以帮助任职者了解其工作，明确其责任范围，而且可以为管理者在做决策等方面提供参考。为了确保《岗位说明书》编制的合理性，人力资源管理人员应严格按照起草和修改《岗位说明书》的相关要求，制定出相应的模板，为后续的编制打好基础。

5.2.1 编写：起草和修改《岗位说明书》

人力资源管理人员在编制《岗位说明书》之前，应首先掌握其编制步骤，然后按步骤有计划地进行《岗位说明书》的起草、修改工作，直至形成完善的《岗位说明书》为止。

1.《岗位说明书》的编写步骤

编制《岗位说明书》是岗位分析的直接结果。《岗位说明书》由起草到修改再到形成主要有 6 个步骤，如图 5-2 所示。

前期准备	◎人力资源部应和企业高层领导进行沟通，让他们树立起岗位责任制的意识 ◎在编写过程中，各部门应积极配合人力资源部的工作，以便共同完成《岗位说明书》的编写工作
明确内容	◎《岗位说明书》由工作描述和工作规范这两部分组成。前者是对有关岗位工作职责、工作内容、工作条件及工作环境等工作自身特性的书面描述；而后者则描述了岗位对任职者的知识、能力、品格、教育背景和工作经历等方面的要求
明确要求	◎逻辑性：《岗位说明书》中包含多项内容，人力资源管理人员应注意它们之间的先后顺序、重要程度等 ◎准确性：清楚说明该岗位的情况，使用准确的修饰语，避免使用含糊不清的句子 ◎实用性：《职位说明书》必须客观、真实地反映岗位职责和任职条件
收集资料	◎获取岗位信息的渠道：浏览企业已有管理制度，与企业内部工作人员沟道，有选择地参考同行业其他企业的《岗位说明书》 ◎岗位分析的方法：（略）
信息处理	◎筛选出编制《岗位说明书》所需内容 ◎针对遇到的问题，与相应岗位的工作人员或其上级进行沟通，以保证内容的准确性
最终撰写	◎根据收集与整理的信息，从工作职责、工作权限、工作关系及岗位任职资格等方面来完成《岗位说明书》的编写工作

图 5-2 《岗位说明书》的编写步骤

2.《岗位说明书》的内容

《岗位说明书》主要包括岗位名称及其上下级关系、职务概述、岗位职责、企业内外部沟通关系、建议考核内容以及任职资格等内容，如图5-3所示。

岗位名称和上、下级关系	◎岗位名称要统一，确保岗位名称要与前一部分"岗位设置"中的名称一致 ◎每个岗位只能有唯一一个上级，不能有多个上级，但可以有多个下级，在填写下属人员一栏的内容时，还要注明是直接领导还是间接领导
职务概述	◎职务概述是用简明的话语对某一岗位的总体工作职责和工作性质进行说明，表明该岗位的特点和工作的概况
岗位目的	◎在"岗位目的"一栏中，主要填写设置这个岗位的目的及完成该岗位的工作对实现组织战略和目标的意义
岗位职责	◎每个岗位的责任范围，应根据本岗位所在的部门或单位的职能分解来确定 ◎每个岗位的工作职责按照负责程度的大小可分为：全责、部分、支持这三种
企业内外部沟通关系	◎在《岗位说明书》中，要明确本岗位在公司内外部的沟通关系 ◎在公司内部，要明确它与公司内部的其他岗位，如上级、平级之间的沟通关系；在公司外部，要明确它与社会上的其他单位，如相关政府部门、上下游或关联企业、客户企业、社会团体、学术单位等之间的沟通关系
建议考核内容	◎除了要明确本岗位的责任范围外，还要明确某一项责任的考核内容。针对某项责任的考核内容一般为两三项，而且应尽量选择较容易量化的指标
任职资格和条件	◎任职资格和条件主要基于受教育程度、知识水平、工作能力和专业技能、工作经验等方面来确定。如在所受教育程度一栏，应注明最低学历要求

图5-3 《岗位说明书》的内容

5.2.2 模板：《岗位说明书》的编制模板

表5-5为《岗位说明书》的编制模板，供读者参考。

表5-5 《岗位说明书》的编制模板

基本信息	职位名称		所属部门	
	直接上级		编制日期	
职位概述				
职责细化描述				
岗位职责	职责一			
	职责二			
	职责三			
	职责四			
	职责五			

（续表）

工作关系	内部关系	
	外部关系	
任职资格	学历	
	专业	
	工作经验	
	能力素质	
KPI 指标		

5.2.3 举例：《数据分析师岗位说明书》

表 5-6 为《数据分析师岗位说明书》，供读者参考。

表 5-6 《数据分析师岗位说明书》

基本信息	职位名称	数据分析师	所属部门	
	直接上级	主任数据分析师	编制日期	
职位概述	根据企业发展目标，在主管领导的安排下，完成对所需数据的搜集、整理、分析，及时发现和分析其中隐含的问题，制作分析报告，为企业发展提供决策支持			
职责细化描述				
岗位职责	职责一	数据分析：根据工作任务要求，对海量业务数据进行诊断、分析，从中挖掘和整理客户行为特征，满足建模研究的需求		
	职责二	提出改进建议：通过数据分析，发现业务中的问题，并提出有针对性的改进建议		
	职责三	提供决策支持：实时响应各业务部门的数据需求，为各职能部门的工作推进提供信息支持		
工作关系	内部关系	分管领导、各职能部门		
	外部关系	数据分析机构、客户		
任职资格	学历及专业	本科及以上学历，数学、统计学、计算机等相关专业		
	知识要求	熟悉数理统计知识 熟悉 JavaScript 等计算机语言		
	工作经验	2 年以上本职工作经验		
	能力素质	熟练使用 SQL 等数据库系统 至少掌握一种常用的数据分析语言		
KPI 指标	1. 提交《数据分析报告》的及时性 2.《数据分析报告》的有效性 3. 建议采纳率 4. 提供数据信息的及时性			

5.2.4 举例：《网络推广部经理岗位说明书》

表 5-7 为《网络推广部经理岗位说明书》，供读者参考。

表 5-6 《网络推广部经理岗位说明书》

基本信息	职位名称	网络推广部经理	所属部门	网络推广部
	直接上级	网络运营总监	编制日期	
职位概述	根据企业发展目标和部门职责，负责企业网络推广工作的计划、实施和监督改进，保证网络推广工作的顺利完成			
职责细化描述				
岗位职责	职责一	负责本部门的全面工作，明确推广目标，研究各种网络推广方式，选择适合的网络推广组合，制订合理的网络推广计划		
	职责二	及时反馈市场信息，收集市场动态，并及时总结各种推广方式的成效		
	职责三	通过对网络推广效果的监控和评估，根据实际情况对网络推广方案进行改进，并组织实施		
	职责四	为下属分派工作，并对其工作实施监督、指导和考核		
工作关系	内部关系	网络运营总监、网络工程师等		
	外部关系	业务合作伙伴、网络媒介		
任职资格	学历	本科以上学历		
	专业	电子商务、计算机等相关专业		
	工作经验	5 年以上本岗位工作经验		
	能力素质	熟练运用相关网络工具 / 软件，熟练掌握 SEO 技术，擅长开拓网络渠道		
KPI 指标	1. 推广计划的合理性、可行性 2. 网络推广后的浏览量、点击率、转化率 3. 团队绩效 4. 员工满意度			

第 6 章

四定：如何定岗、定编、定员、定额

定岗、定编、定员、定额设计是企业人力资源管理的基础性工作。人力资源管理人员通过定岗、定编、定员、定额管理，可以优化企业的人力资源配置，最大限度地提高劳动效率，达到精简高效的目的。而要达到这一目的，首先必须明确定岗、定编、定员和定额与人力资源管理之间的关系，切实做好定岗管理、定编管理、定员管理和定额管理的工作。

6.1　四定与人力资源管理

6.1.1　四定之间的内在联系

本书将定岗、定编、定员、定额合称为"四定"。

定岗是指设定企业运营过程中不可缺少的岗位、岗位职责、职权和工作关系等；定编是指企业在拥有一定的规模和技术条件下，设计每个岗位的人数；定员是指确定每个岗位的任职资格，制定人力资源质量标准，其核心是胜任能力；定额是指采取科学合理的方法，对生产单位合格产品或完成一定工作任务的劳动消耗量所预先规定的限额。

四定之间相互联系、密不可分。定岗是进行四定的首要工作，定编、定员和定额需建立在岗位确立的基础之上；定岗的过程也是岗位设计的过程，岗位设计过程本身包括了对工作量的确定，同时也就包括了对上岗人员数量和素质要求的确定；而定编和定员则恰恰满足了定岗对基本上岗人员数量和素质的需求。

6.1.2　四定与人员异动管理

人员异动是指企业员工离开现有工作岗位的情况。人员异动管理主要是对企业员工在遇到晋升、降职、调动、停职留薪、自动离职、辞职、辞退和开除等情况时进行的管理。人员异动管理旨在有效地开发人力资源，促进企业内部人力资源的合理配置。

四定与人员异动管理相互影响，四定为人员异动管理提供相应的标准和支持，人员异动管理为四定的再次设计和调整提供必要的参考。

6.1.3 四定与企业人力资源管理

四定是一项基础的人力资源管理工作，四定的不断完善和应用能不断促进企业人力资源管理水平的提高。四定对人力资源管理的促进作用如图6-1所示。

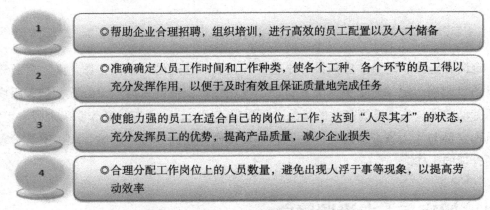

1 ◎帮助企业合理招聘，组织培训，进行高效的员工配置以及人才储备

2 ◎准确确定人员工作时间和工作种类，使各个工种、各个环节的员工得以充分发挥作用，以便于及时有效且保证质量地完成任务

3 ◎使能力强的员工在适合自己的岗位上工作，达到"人尽其才"的状态，充分发挥员工的优势，提高产品质量，减少企业损失

4 ◎合理分配工作岗位上的人员数量，避免出现人浮于事等现象，以提高劳动效率

图6-1 四定对人力资源管理的促进作用

6.2 定岗管理

6.2.1 企业定岗概述

定岗是指根据企业的目标和实际工作的需要，以岗位性质、工作任务、工作量的大小、所需要的专业知识和业务技能的要求等确定不同的岗位。因事设岗是定岗的基本原则，除此之外，定岗还需要遵循一些原则，如表6-1所示。

表6-1 企业定岗原则

原则	内容
最低数量原则	1.进行岗位设置时，从企业实际需要出发，明确设置的岗位在企业中的作用，以尽可能少的岗位来承担尽可能多的职责 2.若设置一个岗位就可以满足需要，则不应再设置额外的岗位、聘用额外的人员
有效配置原则	1.根据企业的目标和任务，将企业的总目标和总任务层层分解到各个部门、岗位及人员，并明确各自的职责 2.在岗位职责中，还应进一步区分并明确"主要责任"和"部分责任"，以及协作性的岗位和辅助性的岗位，以达到有效配合、实现组织目标的目的

（续表）

原则	内容
权责统一原则	岗位设置除了要明确各岗位的职责外，还须赋予其履行职责所需的权限，保证责权相统一
有效管理幅度原则	管理幅度是指组织中上级主管能直接有效地指挥和领导下属人员的数量。人力资源管理人员在设置岗位时，要设计出一个合适的管理幅度，保证组织工作能够有效运行

6.2.2 定岗操作的 3 个步骤

定岗操作可按 3 个步骤进行，如图 6-2 所示。

对企业目标等相关情况进行分析
1. 明确企业的长期战略、盈利模式和业务目标
2. 利用价值链分析并确定企业的主要工作和辅助工作
3. 确定流程层次及关键成功因素，明确主要增值活动、业务流程、辅助流程和子流程

设计组织架构、界定各部门关系
1. 根据企业战略目标和主要工作流程设计企业的组织架构
2. 根据企业面对的市场环境和自身的状况，明确企业管控模式，进而界定上下级部门的权利
3. 分析界定各个部门的使命及关键职责，明确各部门主要职责的决策流程和汇报关系

岗位的最终确定和调整
1. 依据关键职责先设置关键岗位，再设置辅助岗位和支持岗位
2. 在部门内部对职责及任务进行细化，再分解成岗位职责
3. 依据工作环境和流程的变化对岗位的设置进行适当的调整

图 6-2 定岗操作的 3 个步骤

6.2.3 定岗管理的 4 种方法

企业需根据其规模大小、战略规划、技术水平等实际情况，在充分理解客户需求的基础上，选择定岗的方法或方法组合。定岗管理的方法及操作说明如表 6-2 所示。

表 6-2 定岗管理的 4 种方法

方法	方法操作说明	适用范围
组织分析法	1. 从整个企业的愿景和使命出发，设计基本的组织模型，然后根据具体业务流程的需要，设计出不同的岗位 2. 深入解决诸多细节问题，往往会过于复杂和具体 3. 必须有一个相对稳定的业务环境和发展战略	适用于规模相对较大的企业，组织设计和岗位设计占整个项目的大部分

（续表）

方法	方法操作说明	适用范围
关键使命法	1. 岗位设计仅集中于对企业取得成功起关键作用的岗位 2. 方法灵活，但岗位间的衔接处理较差 3. 对关键岗位的认定要有判断力和决心	适用于时间和预算不足以支撑对整个企业的所有岗位进行设计的企业
流程优化法	1. 根据新的信息系统或新的流程对岗位进行优化 2. 注重新管理系统对在岗者的影响，设定新岗位 3. 参与人员要熟悉流程，又必须能跳出原有的工作流程	适用于较小的企业，主要在实施一个新的管理信息系统时应用
标杆对照法	1. 参照本行业典型企业现在的岗位设置进行设计 2. 简单易行，设计成本低，但容易脱离本企业的实际情况 3. 需要对标杆企业或参考数据有比较透彻的了解	适用于岗位职责不太精确的企业

6.3 定编管理

6.3.1 企业定编概述

定编的目的是用有限的投入获得最佳的岗位和人数组合，定编必须建立在企业有一定的业务规模且企业发展方向明确的基础上。定编设计具有一定的时效性，并应严格遵循一定的原则，主要包括以目标为中心的原则、比例协调原则，以及量化专业化原则，如图 6-3 所示。

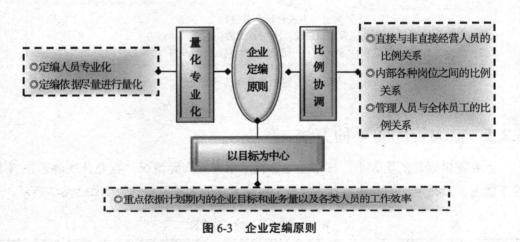

图 6-3 企业定编原则

6.3.2 定编操作的 4 个步骤

定编操作主要分为 4 个步骤，包括确定一线业务人员和管理人员总规模、合理分配管理人员总编制、将总编制分解为岗位编制以及最终确定部门和岗位编制，如图 6-4 所示。

确定业务及管理人员总规模

◎业务人员直接为客户提供服务或产品，其规模可根据企业业务规模或产量等量化因素确定
◎企业可通过参考同行业标杆企业、平均水平和自身情况合理确定管理人员和生产岗位人员的比例，并根据比例确定管理人员的总规模

合理分配管理人员总编制

◎管理人员总编制确立之后，相关人员应按照组织结构确定部门设置，将总编制分配到各个部门中去
◎选择定编专家（由企业高层、各部门经理和外部行业专家组成）成立定编委员会，采用德尔菲等方法适当调整部门总编制

将总编制分解为岗位编制

◎逐层分解的过程为各职能部门内部岗位编制勾勒出一个框架，降低了确定岗位编制的难度
◎运用流程分析和职责分析的方法确定岗位编制

最终确定部门和岗位编制

◎在分解部门编制时，可能会产生编制核定数不合理的现象，需要重新核定部门总编制
◎对分解到岗位的结果进行总体的分析，并最终确定

图 6-4 定编操作的 4 个步骤

6.3.3 定编管理的 5 种方法

定编管理的方法主要有劳动效率定编法、业务数据分析法、本行业比例法、预算控制法和业务流程法这 5 种，如表 6-3 所示。

表 6-3 定编管理的 5 种方法

方法	方法操作说明
劳动效率定编法	1. 根据工作量和劳动定额来计算员工数量的方法
	2. 采用数量定额：定编人数 = 计划期生产任务总量 /（员工劳动定额 × 出勤率）
	3. 采用时间定额：定编人数 = 生产任务 × 时间定额 /（工作时间 × 出勤率）
	4. 适用情况：实行劳动定额的人员，特别是以手工操作为主的员工
业务数据分析法	1. 根据企业的历史数据（销售收入、利润、市场占有率和人力成本等）和战略目标来确定企业在未来一定时期内的岗位人数
	2. 根据企业的历史数据，将员工数与业务数据进行回归分析，得到回归分析方程；根据企业短期、中期、长期业务发展目标数据，确定人员编制

（续表）

方法	方法操作说明
本行业比例法	1. 按照企业职工总数或某一类人员总数的比例来确定岗位人数的方法
	2. $M = T \times R$（M 为某类人员总数，T 为服务对象人员总数，R 为定员比例服务对象人员总数）
	3. 适用情况：适合各种辅助和支持性岗位定员
预算控制法	1. 通过人工成本预算控制在岗人数，而不是对某一部门内的某一岗位的具体人数做硬性的规定
	2. 部门负责人对本部门的业务目标、岗位设置和员工人数负责，在获得批准的预算范围内，自行决定各岗位的具体人数
	3. 适用情况：预算控制对企业各部门人数的扩展有着严格的约束作用
业务流程法	1. 根据岗位工作量确定各个岗位、每名员工和单位时间的工作量，并结合业务流程衔接需要，确定各岗位编制人员的比例
	2. 根据企业的总业务目标，确定单位时间流程中的总工作量，从而确定各岗位人员的编制

在实际工作中，企业通常会将各种方法相结合，以按效率定编定员为基本方法，参照行业标杆来确定岗位的人数。

6.4 定员管理

企业定员包括定组织机构、定人员类别和职务以及定人员数量的比例关系这 3 项内容。科学合理的劳动定员是企业用人的科学标准，是企业人力资源计划的基础，是企业调配内部各类员工的主要依据，有利于提高员工队伍的素质。

6.4.1 企业定员关注的 5 大因素

企业定员主要受到业务流程、技术水平、客户需求、员工能力和成本压力这 5 大因素的影响，如图 6-5 所示。

1. 业务流程因素

◎业务流程是企业实现价值的过程（企业做事的方法）。在不同的企业，某一部门的职责相同（事相同），但由于流程的差异，可能会导致企业定员有所改变

2. 技术水平因素

◎技术在生产岗位中体现为由手工向自动化发展，在管理岗位中则体现为新的管理理论、方法和工具的不断出现。企业应根据技术水平的变化为岗位配备合适的人员

3. 客户需求因素

◎企业的定员应满足方便客户、扩大业务和提高业务效率的需求，做到企业定员与客户的需求相匹配，以提高企业的整体效益

4. 员工能力因素

◎员工能力因素是企业进行合理定员的关键因素之一，企业定员既要考虑规范化的情况，也要考虑员工的实际能力水平，真正做到人岗的最佳匹配

5. 成本压力因素

◎成本问题是企业最为关注的问题之一。企业规模不同，其克服成本压力的方式也不同，企业经常根据劳动效率和人工成本进行定岗定员

图 6-5　企业定员 5 大影响因素

6.4.2　企业定员管理的 5 种方法

由于各类人员的工作性质、总工作量、工作效率以及其他影响定员的因素不同，所以确定企业定员的具体方法也不同。一般来说，企业定员管理的方法主要有按劳动效率定员、按设备定员、按岗位定员、按比例定员以及按组织机构、职责范围和业务分工定员，如表 6-4 所示。

表 6-4　企业定员管理的 5 种方法

方法	方法操作说明
按劳动效率定员	1. 根据生产任务量和员工工作效率来计算定员人数的方法
	2. 定员人数＝计划期生产任务总量 /（一名员工有效工作时间 × 定额完成系数）
	3. 适用情况：以手工操作为主，已有劳动定额的岗位
按设备定员	1. 根据设备需要开动的台数和开动的班次，员工看管定额以及出勤率来计算定员人数的方法

（续表）

方法	方法操作说明
按设备定员	2. 定员人数＝（需要开动设备次数 × 每台设备开动班次）/（个人看管定额 × 出勤率）
	3. 适用情况：以机械操作为主，使用同类型设备，采用多机床看管的岗位
按岗位定员	1. 根据岗位的多少和岗位工作量的大小来计算定员人数的方法
	2. 有两种具体方法：设备岗位定员（适用于在设备和装置开动的时间内，必须有单人操作或多岗多人共同操作的场合）和工作岗位定员（适用于有一定岗位，但无设备且不能实行定额的人员）
	3. 定员人数＝共同操作的各岗位生产工作时间的总和 /（工作时间—休息时间）
	4. 适用情况：适用于使用连续性生产装置或设备组织生产的企业
按比例定员	1. 按照规定的各类人员之间的比例关系或某类人员与他们所服务对象人数之间的比例关系来计算定员人数的方法
	2. 某类人员的定员人数＝员工总数或某类人员总数 × 定员标准（百分比）
按组织机构、职责范围和业务分工定员	1. 具体方法为：先确定管理体制、组织结构，然后确定各职能部门、各项业务的分工和职责范围，最后依据各部门和各单位的各项业务工作量的多少进行定员
	2. 适用情况：管理人员和工程技术人员

6.4.3　定员标准编写及示例

"定员标准"是指由劳动定额定员标准化主管机构批准和发布，在一定范围内对劳动定员所作的统一规定。

相关人员需根据特定的技术、组织条件制定劳动定员标准，它是关于不同企业的同类型岗位在人员配备方面的统一规定。定员标准的科学编制具有为企业设计定员提供依据、节省编制定员时间、促进人员使用合理化、考察企业用人是否合理等作用。

1. 定员标准的构成

定员标准主要由三个部分构成，包括概述、标准正文和补充。

2. 定员标准的编写格式及示例

劳动定员标准的编写多采用表格的形式，主要是对用人的数量和质量提出要求。因此，在标准条文中相关人员对每张表都应明确提及和说明，使表与条文的关系更明确，起到其应有的作用。定员标准的编写格式主要包括定员标准的适用范围、规范性引用文件、术语和定义、标准的名称、劳动定员标准组成要素及其要求、表格、图和附录这几个方面。

（1）定员标准的适用范围格式。适用范围格式为：本标准规定了劳动定员标准编制的规范和审定要求。

（2）规范性引用文件格式。规范性引用文件格式为：下列文件中的条款通过本标准的引用而成为本标准的条款。凡是标注日期的引用文件，其随后所有的修改单或修订版均不适用于本标准。凡是不标注日期的引用文件，其最新版本均适用于本标准。

（3）术语和定义。术语和定义主要是对劳动定员水平、编制定员、编制总额、岗位职务等级序列表（由序号、部门、单位名称、岗位编码、岗位名称、职责范围、职务等级等标志组成的表格）、效率定员、设备定员、岗位职务定员和比例定员等术语的界定。

（4）标准的名称。标准名称为劳动定员。名称应和标准的内容和范围相一致，名称后面不应加后缀。例如，人力资源部招聘专员定员。

（5）劳动定员标准组成要素及其编写规范。劳动定员标准的主要组成要素及其编写规范如表6-5所示。

表6-5　劳动定员标准的组成要素及编写规范

序号	组成要素名称	编写规范
1	定义	对本标准中出现的专业名词术语进行定义
2	工作岗位或作业名称	应使用规范和通用的工作岗位或作业名称。标准中不应采用俗称
3	岗位或作业的工作内容	要用简单明了的文字描述岗位（或作业）的工作任务和工作内容
4	岗位职责	明确岗位（或作业）工作的基本职责，尤其是要明确岗位（或作业）工作的数量和质量要求
5	岗位工作条件和环境条件	岗位工作条件主要包括劳动强度、精神紧张度、作业的危险性及安全责任等；环境条件主要包括工作环境的温度、湿度、噪声、粉尘和污染等
6	岗位轮班方式及工时制度	根据工作需要，规定岗位工作轮班方式以及相应的工作班长
7	岗位（或作业）工作定员人数及相应的国家职业标准	根据岗位工作的任务和职责，规定相应的定员人数以及岗位定员应达到的国家职业标准

（6）劳动定员标准的表格。

①编号及表题

每个表应有编号。表的编号由"表"和1开始的阿拉伯数字组成，如"表1""表2"等。表的编号应一直连续到附录之前，与章、条和图的编号无关。若只有一个表时，仍应标为"表1"。

每个表宜有表题，表题应置于表的编号之后。标准中有无表题应统一。表的编号和表题应置于表上方的居中位置，见示例。

示例：

表 × 表题

×××	×××	×××	×××

②表头

表中栏目使用的单位应标在该栏表头中的名称之下。如果表中所有单位均相同，应在表的右上方用一句话适当地陈述（例如，"单位为人·年"）代替各栏中的单位（见示例1、示例2）。

示例1：

类型	×××（人·年 Mn）	×××（人·月 My）	×××（人·月 My）

示例2：单位：人·年

类型	×××	×××	×××

③表注及表的脚注

表注和示例只给出对理解或使用标准起辅助作用的附加信息。表注应置于表中，并位于表的脚注之前。表中只有一个表注时，应在注的第一行文字前标明"注"。若有多个注时应标明"注1："注2："等。

表的脚注的作用是针对表中某个栏提供附加信息，应尽量少用脚注。

④表的接排

如某个表需要转页接排，在随后的各页上也应附加表的编号，编号后跟"（续）"，见示例。

示例：

表 ×（续）

序号	岗位名称	工作范围	机器设备	工作轮班制度	定员额	职业资格要求	其他项目
注1：核定定员的基本公式 注2：替休和轮休系数以及计算方法 注3：其他应说明的与本表有关的事项							

（7）劳动定员标准的图。如果用图提供信息更有利于对标准的理解，则宜使用图。每幅图在条文中均应明确提及。每幅图均应有编号。图的编号由"图"和从1开始的阿位拍数字组成，如"图1""图2"等。图的编号应一直连续到附录之前，并与章条和表的编号无关。只有一幅图时仍应标为"图1"。

只有一个图时不用编号。当有多幅图时，可用a、b、c等符号区分。图题即图的名称，相关人员可根据情况加或不加图题，但应统一。图的编号和图题应置于图下方的居中位置。

（8）关于编写附录的规定。人力资源管理人员在编写附录的规定时主要基于规范性附录（附录A）的编写规定、资料性附录（附录B）的编写规定和参考文献（为可选要素，应作为标准的最后一个要素）的编写规定这3个方面来进行。

其中，规范性附录为可选要素，与定员标准相关的资料应列入《规范性附录》，例如，在定员的标准中涉及的在作业中加工和影响劳动对象的规范，使用的各种设备的规范和涉及劳动环境和劳动条件的规范等内容。

资料性附录为可选要素，它为企业提供了对标准的理解和使用起辅助作月的附加信息。例如，标准使用的典型实例等。

6.5　定额管理

定额是企业在生产经营活动中，对人力、物力、财力的配备、利用和消耗以及获得的成果等方面应遵守的标准或应达到的水平。定额管理（norm management）是指利用定额来合理安排和使用人力、物力、财力的一种管理方法。定额管理对节约使用原材料、合理组织劳动生产活动、调动劳动者的积极性、提高设备利用率和劳动生产率、降低成本和提高经济效益均有极其重要的作用。

6.5.1 定额与定员的区别

定额与定员有着密切的联系，同时也存在着一定的区别，两者的区别主要表现在计量单位和应用范围这两个方面，如表 6-6 所示。

表 6-6 定额与定员的区别

区别	定额	定员
计量单位	◎ 从劳动过程规定劳动消耗量：通常采用的劳动时间单位是"工日""工时"和"工分"等 ◎ 从最终成果上规定劳动消耗：采用实物量单位	◎ 通常采用的劳动时间单位是"人·年""人·季"和"人·月"等
实施和应用范围	◎ 劳动定额人员约占企业全体员工的 40%~50%	◎ 企业全体人员（长期脱离生产岗位的人员除外）

6.5.2 企业定额操作的 3 个关键点

企业定额操作的关键点及其具体操作规范如图 6-6 所示。

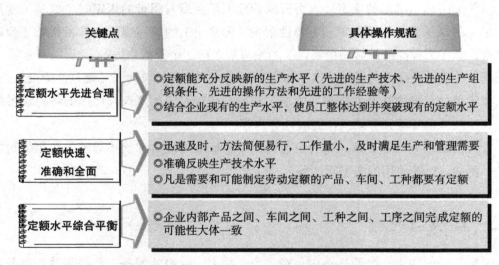

图 6-6 企业定额操作的 3 个关键点及其具体操作规范

6.5.3 企业定额管理的 5 种方法

常用的企业定额方法有经验估工法、工作日写实法、类推比较法、技术定额法和统计分析法，如表 6-7 所示。

表 6-7　企业定额的 5 种方法

方法	方法操作说明	优点	缺点
经验估工法	由定额员依照产品图纸和工艺技术的要求，并考虑生产现场使用的设备、工艺装备、原材料及其他生产条件，根据过去的实践经验对产品劳动消耗量进行估定的一种方法	简单易行，工作量小，能满足定额制定"快"和"全"的要求	易受估工人员的水平和经验的影响，出现定额偏高或偏低的现象，制定的劳动定额准确性较差，定额水平不易平衡
工作日写实法	在现场按时间消耗的顺序，对劳动者的工作时间利用情况进行观察记录、整理分析和改进设计的一种方法	观察范围广、适应性强、获得资料全面和完整等	费时费力，被观察者易产生心理或生理压力，影响写实结果的准确性
类推比较法	以现有同类型产品的零件或工序的定额为依据，经过分析比较推算出另一种产品的零件和工序定额的方法	制定定额简单易行，工作量小，便于保持定额水平的平衡，也有利于提高定额的准确性	需要制定一套典型的定额标准，工作量较大；如果零件选择不当，对影响劳动时间的因素考虑不充分，还会影响定额的质量
技术定额法	是通过对生产技术条件的分析，在挖掘生产潜力以及操作合理化的基础上，采用分析计算或实地测定来制定定额的方法，是一种较为先进的方法 步骤：分解程序、分析设备状况、分析生产与劳动组织、现场观察和分析计算		
统计分析法	根据过去生产的同类型产品、零件和工序的实耗工时与产量的原始记录和统计资料，经过整理和分析，考虑今后企业的生产技术、生产条件、管理的变化，制定或修订定额的办法		

成本：如何进行人力资源成本核算

对于刚刚接触人力资源管理工作的人员来说，进行人力资源管理成本的预算与核算，掌握基本的方法、要求、流程，是做好人力资源管理工作的基础。

7.1 人力资源成本的预算

为合理安排企业人力资源管理活动资金，规范人力资源管理工作的资金使用方法，企业有必要对人力成本提前进行估算。

7.1.1 人力资源成本的构成

人力资源成本是指企业在一定的时期内，在生产、经营和提供劳务活动中，因使用劳动者而支付的所有直接费用与间接费用的总和。

人力资源成本主要由如下 6 个部分构成。

（1）劳动报酬总额。

（2）社会保险费用。

（3）员工福利费用。

（4）劳动保护费用。

（5）人力资源开发成本。

（6）其他人力资源成本。

7.1.2 人力资源费用预算遵循的 4 项原则

人力资源成本的预算主要遵循 4 项原则，包括合理合法原则、客观准确原则、整体兼顾原则和严肃认真原则，如表 7-1 所示。

表 7-1　人力资源费用预算的 4 项原则

原则	说明
合法合理原则	◎ 是指为了保证人力资源成本预算的正确性和准确性，人力资源管理人员应当关注国家相关部门发布的各种政策和法律法规信息
客观准确原则	◎ 是指各种项目的预算要客观合理，防止人为加大加宽而导致的预算未被合理使用的情况
整体兼顾原则	◎ 是指企业从整体出发，密切关注不同预算项目之间的内在联系，防止顾此失彼所造成的总体预算失衡的现象
严肃认真原则	◎ 是指在进行成本预算时，要秉持严肃认真、实事求是的工作作风，缜密地进行分析预测，不可进行主观臆断

7.1.3　人工成本预算编制程序和方法

人工成本预算主要包括工资项目的预算、社会保险福利与其他项目的预算这两个方面，其编制程序和方法如下所示。

1. 工资项目预算

（1）工资项目预算的前期准备工作。在编制工资项目预算之前，人力资源管理人员需要从以下几点出发做好前期的准备工作，如图 7-1 所示。

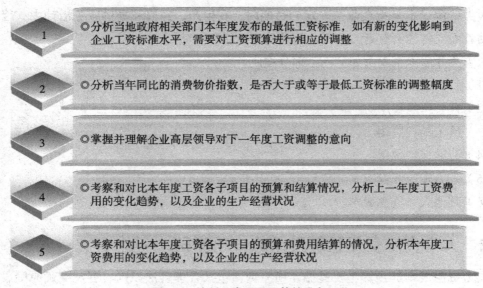

1　◎分析当地政府相关部门本年度发布的最低工资标准，如有新的变化影响到企业工资标准水平，需要对工资预算进行相应的调整

2　◎分析当年同比的消费物价指数，是否大于或等于最低工资标准的调整幅度

3　◎掌握并理解企业高层领导对下一年度工资调整的意向

4　◎考察和对比本年度工资各子项目的预算和结算情况，分析上一年度工资费用的变化趋势，以及企业的生产经营状况

5　◎考察和对比本年度工资各子项目的预算和费用结算的情况，分析本年度工资费用的变化趋势，以及企业的生产经营状况

图 7-1　编制工资项目预算的准备工作

（2）工资预算的步骤。工资预算的步骤如表 7-2 所示。

表 7-2　工资预算的步骤

序号	步骤	操作说明
1	依据工资费用预算和结算的变化趋势进行预测	（1）分析上一年度和本年度的工资费用预算、结算情况，分析二者之间的规律 （2）根据上述规律，预测下一年度工资费用的变化趋势，从而提出下一年的预算方案
2	从企业的生产经营发展趋势进行预测	（1）根据上一年度和本年度工资费用的发展趋势和企业的生产经营状况，预测下一年度工资费用的变化趋势和企业的生产经营状况 （2）根据工资费用的当前适用情况和企业的生产经营状况，预测下一年度的工作费用的变化趋势 （3）在上述分析的基础上，按照工资总额的项目逐一进行预算、汇总，提出预算方案二
3	对比、分析并调整预算方案一、方案二，最终形成工资费用预算方案	（1）对比最低工资标准和消费者的物价指数，取增长幅度较高的指数作为调整工资的标准，以保证企业的合法经营，又不降低员工的生活水平 （2）分析当地政府相关部门发布的工资指导线，作为编制费用预算参考指标之一 （3）根据企业高层领导对下一年度工资调整的意向做出最后的费用预算

2. 社会保险费与其他项目的预算

社会保险费与其他项目的费用主要受到国家、地区相关规定的影响，具有较强的连续性，相对于工资项目更易于预测。相关人员在做社会保险费与其他项目的预算时需要掌握几个要点，如图 7-2 所示。

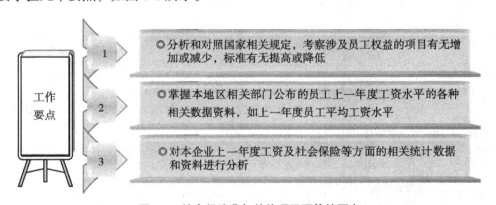

图 7-2　社会保险费与其他项目预算的要点

7.2　人力资源管理费用的核算

人力资源成本是企业总成本支出的重要组成部分，对人力资源成本进行核算，有助于企业合理利用人力资源，提高企业效益。

7.2.1　基层人力资源管理不当所产生的成本

基层人力资源管理不当所产生的成本是指由于人力资源管理人员的行为对员工的工作表现乃至工作绩效产生负面影响而导致产生的人力资源管理成本方面的支出，主要表现为直接成本和间接成本，如图 7-3 所示。

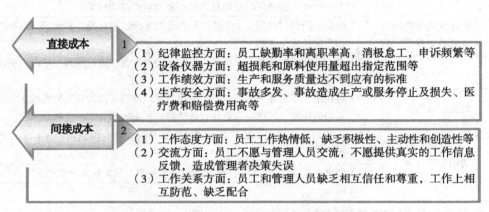

图 7-3　基层人力资源管理不当产生的成本

7.2.2　人力资源管理成本核算的 3 个要求

人力资源管理费用核算要遵循 3 个方面的要求，如图 7-4 所示。

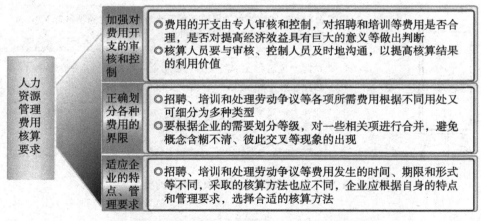

图 7-4　人力资源管理费用核算的 3 个方面的要求

第 8 章

招聘流程：如何设计规范化的招聘流程

"招聘"是指企业根据自身发展的需求，通过各种可行的方法及渠道，向目标群体发布招聘信息，并按照一定的标准招募、选拔、聘用企业所需的人才的过程。

规范化的招聘流程能充分体现企业公开、公平、公正的招聘原则，确保企业任用员工具备较高的素质，满足企业的人力资源需要，促使企业的招聘工作呈现出科学化和程序化的特点。

8.1 招聘渠道和方法的选择

依照招聘对象的来源划分，招聘活动可分为外部招聘和内部招聘这两种。企业根据岗位特点选择适合的招聘渠道，能够有效地提高招聘工作的质量和效率，节约招聘成本。

8.1.1 选择招聘渠道的步骤

相关人员在选择招聘渠道时可按一定步骤进行，如图 8-1 所示。

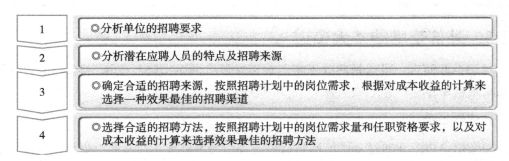

1	◎分析单位的招聘要求
2	◎分析潜在应聘人员的特点及招聘来源
3	◎确定合适的招聘来源，按照招聘计划中的岗位需求，根据对成本收益的计算来选择一种效果最佳的招聘渠道
4	◎选择合适的招聘方法，按照招聘计划中的岗位需求量和任职资格要求，以及对成本收益的计算来选择效果最佳的招聘方法

图 8-1 选择招聘渠道的步骤

8.1.2 内部招聘的 5 大方法

内部招聘是指在企业职务出现空缺后，从企业内部选择合适的人选来填补这个位置，或者只发公告给内部人员，由员工推荐外部人员来应聘。

内部招聘具体又分为提拔晋升、工作调换、工作轮换、员工推荐、人员重聘这5种方法，如表8-1所示。

表8-1 内部招聘渠道特性说明表

内部招聘方法	方法说明	特点
提拔晋升	◆ 在企业内部选择可以胜任空缺岗位的优秀员工	◆ 给员工升职机会，能有效激励员工 ◆ 选定的员工对业务熟悉，能快速适应新工作 ◆ 未被升职人员易产生攀比心理，认为被升职人员不如自己
工作调换	◆ 即"平调"	◆ 促进内部员工与本单位中更多的人员有深入的接触、了解，既有利于今后提拔真正的人才，又可以使上级对下级的能力有更进一步的了解，也为今后的工作安排做好准备 ◆ 通常为短期的，而且是临时的，员工适应新的岗位后又可能会被调回到原岗位，不利于员工良好地掌握工作技能
工作轮换	◆ 即两个岗位以上、有计划地进行工作调换	◆ 使企业内部的管理人员或普通人员有机会了解企业内部的不同工作，给那些有潜力的人员提供晋升的条件 ◆ 减少部分人员由于长期从事某项工作而产生的厌倦心理
员工推荐	◆ 本企业员工推荐人选应聘企业的职位	◆ 不需要费时考察应聘者的背景，客观上节约了企业的招聘和培训成本 ◆ 容易导致"小团体"的出现，影响企业正常的组织架构和日常运作
人员重聘	◆ 企业重新聘用如下岗人员、长期休假人员等继续为企业服务	◆ 对这些人员的重聘会使他们有再为企业尽力的机会，可以提高员工对企业的忠诚度 ◆ 可以尽快上岗，减少培训等方面的费用

8.1.3 外部招聘的4大渠道

对于企业而言，可选择的外部招聘渠道一般有网络招聘、现场招聘、猎头招聘、媒体招聘这4种。

1. 网络招聘

网络招聘指企业通过自己的网站或第三方招聘网站等，使用简历数据库或搜索引擎等工具来完成招聘的过程。网络招聘的优点、缺点和适用范围如图8-2所示。

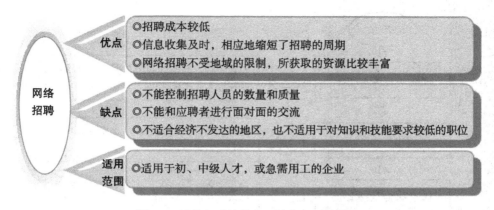

图 8-2 网络招聘的优点、缺点和适用范围

2. 现场招聘

现场招聘是一种企业和人才通过第三方提供的场地，直接进行面对面对话的招聘方式。现场招聘一般包括招聘会招聘及人才市场招聘这两种方式，表 8-2 介绍了招聘会的特性。

表 8-2 招聘会特性说明表

类别	说明	优点	缺点
招聘会	◆ 招聘会一般由当地政府部门及各种人才介绍机构发起和组织，招聘地点不固定，但比较正规	◆ 企业可以在招聘现场对应聘者进行初步筛选，既节省了招聘时间，又方便企业对应聘者进行更深入的考核 ◆ 可以节省企业初次筛选简历的时间成本，提高简历筛选的有效性，同时招聘所需的费用较少 ◆ 具有一定的广告效应，可以提高企业的知名度	◆ 现场招聘具有一定的地域性，即只能吸引企业所在城市及周边地区的应聘者，同时这种招聘渠道还会受到招聘企业的宣传力度以及宣传形式的影响，招聘信息的传播力度有限

3. 猎头招聘

当企业需要聘用高级管理人才和专业技术人才时，普通招聘渠道的效果一般不会太明显，此时可借助专业的猎头企业来进行人才招聘。

猎头招聘，即通过猎头企业来实施人员招聘。猎头企业是请专业人士为企业提供招聘服务的机构，他们针对的是企业急需的高级管理人才和高级专业人才，如总经理、市场总监等。

企业通过猎头企业招聘，可以确保招聘的质量，还可以缩短招聘的时间，但企业需要向猎头企业支付一定的服务费用。

（1）猎头招聘实施流程。采用这一方法进行人员招聘也有相应的程序，如图 8-3 所示。

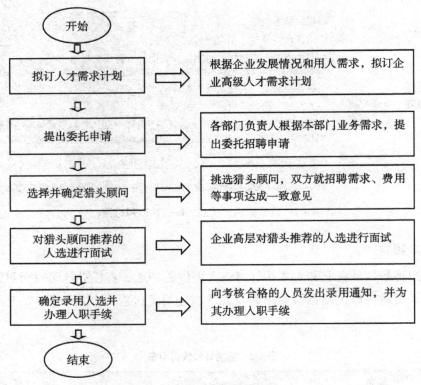

图 8-3 猎头招聘实施流程

（2）猎头企业的选择。采用这一方式进行招聘时，选择猎头企业是其中关键的一环。在选择猎头企业时，企业需重点考虑的问题有两个：一是企业如何才能规避同猎头企业合作带来的风险，二是如何才能达到招聘的目的。因此，企业在选择猎头企业时，有 5 个因素不得不考虑，如表 8-3 所示。

表 8-3 选择猎头企业需考虑的因素

考虑的因素	说明
诚信可靠	企业可以从如下两个方面对其进行判断： （1）是否具有良好的职业道德 （2）是否能遵循合作协议，按照协议完成招聘任务
经验丰富	企业需关注猎头企业如下三个方面的信息： （1）是否娴熟地掌握相关人事政策 （2）是否具备丰富的市场运作经验和专业操作经验 （3）是否有广泛的社会网络关系
信息资源	企业需了解猎头企业如下几个方面的信息概况： （1）是否拥有丰富的人才数据库 （2）是否对某些行业有深入的了解 （3）是否拥有专业化的人才搜索技术

（续表）

考虑的因素	说明
收费标准	企业要对不同猎头企业的收费标准和交付规则进行统计与比较，根据企业实际情况，选择既有效又能节约成本的合作伙伴
业务负责人	企业需对实际搜寻人才工作的业务负责人有基本的了解，包括职业素养、工作经历、成功案例等，这对猎头招聘工作的成败有关键性的影响

（3）推荐报告。在确定合作意向后，猎头企业根据企业招聘要求开始寻找人选。通过一番了解，猎头企业应将候选人的情况汇总，并制作一份完整的报告，即《岗位候选人推荐报告》（如表 8-4 所示），以便企业对候选人进行考核。

表 8-4　《岗位候选人推荐报告》

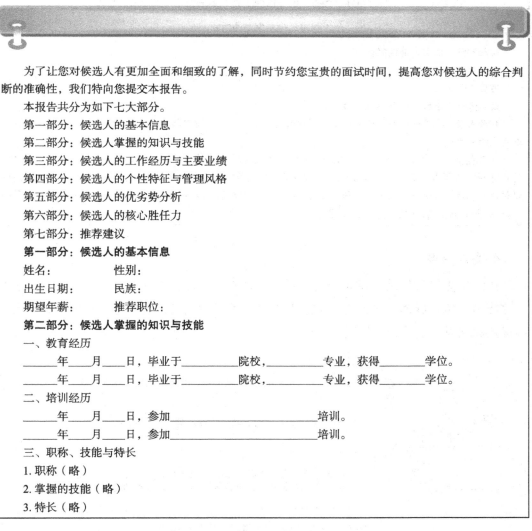

为了让您对候选人有更加全面和细致的了解，同时节约您宝贵的面试时间，提高您对候选人的综合判断的准确性，我们特向您提交本报告。

本报告共分为如下七大部分。

第一部分：候选人的基本信息

第二部分：候选人掌握的知识与技能

第三部分：候选人的工作经历与主要业绩

第四部分：候选人的个性特征与管理风格

第五部分：候选人的优劣势分析

第六部分：候选人的核心胜任力

第七部分：推荐建议

第一部分：候选人的基本信息

姓名：　　　　　性别：

出生日期：　　　民族：

期望年薪：　　　推荐职位：

第二部分：候选人掌握的知识与技能

一、教育经历

_____年___月___日，毕业于_____院校，_____专业，获得_____学位。

_____年___月___日，毕业于_____院校，_____专业，获得_____学位。

二、培训经历

_____年___月___日，参加_____培训。

_____年___月___日，参加_____培训。

三、职称、技能与特长

1.职称（略）

2.掌握的技能（略）

3.特长（略）

（续）

第三部分：候选人的工作经历与主要业绩

_____年___月,_____地区_____企业_____职务

1. 汇报对象（略）

2. 下属人数（略）

3. 主要工作业绩（略）

第四部分：候选人的个性特征与管理风格

该候选人主要符合如下 4 项个性与行为特征。

候选人的个性与行为特征

影响性	在工作和生活中习惯采用各种方法和策略去影响他人
情感性	对事物的判断比较容易受自己的情感和价值观影响
独立性	自立自强，当机立断，倾向于独立解决问题以及做出自己的选择和决定
自律性	通过提前对事情做计划和准备来掌控全局，有十分清晰的个人标准

第五部分：候选人的优劣势分析

优势（略）

劣势（略）

第六部分：候选人的核心胜任力

候选人身上具备的核心胜任力包括人际理解力、影响力、沟通协调能力、团队领导能力、责任感、计划组织能力等。

× 先生具有多年的 ×× 类企业信息化建设和管理经验，同时具有较长时间的基层工作经验，同时具备软件开发的能力，不仅可以胜任信息化建设工作，而且能做好基本的维护与管理工作。× 先生不仅可以对企业现有的系统进行维护与管理，而且可以在现有的基础上设计相应的信息化解决方案。因此，我们推荐 × 先生出任贵企业的_____一职。

4. 媒体招聘

传统媒体广告招聘是指企业通过报纸、杂志、广播、电视等发布招聘信息来进行人才招聘。传统媒体广告是企业和求职者发布和了解招聘信息的重要平台，它具有一些优点和缺点，具体说明如图 8-4 所示。

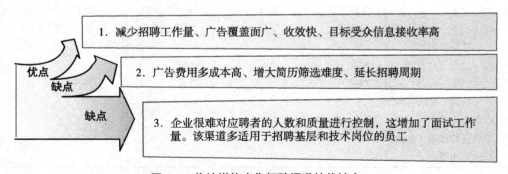

图 8-4 传统媒体广告招聘渠道的优缺点

8.2 对应聘者进行初步筛选

选择好招聘渠道和方法，做好招聘的准备工作后，人力资源部需要在规定的招聘时间内筛选收到的简历和申请表，进行笔试测试、电话初选等工作。

8.2.1 笔试测试

企业根据招聘工作的实际需要，可在面试之前对应聘者进行笔试。笔试是一种常用的考核方法，它通常采用书面的形式对求职者所掌握的基本知识、专业知识、管理知识、逻辑思维能力、分析能力、文笔等综合素质进行考察和评估。

针对不同的招聘岗位，招聘考核中的笔试有不同的侧重点，如技术人员侧重于考察技术水平，文书工作者侧重于考察书面写作能力。

8.2.2 筛选简历与申请表

企业收到应聘者的求职简历和申请表后，应对照《岗位说明书》进行初步的筛选，以确定应聘人员是否可以进入下一阶段。相关人员在筛选简历和申请表时应基于 5 个方面进行，如图 8-5 所示。

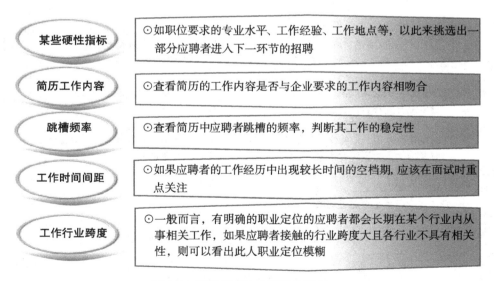

图 8-5 筛选简历和申请表的要点

8.2.3 通过电话沟通初选

招聘人员进行简历和申请表的筛选，确定合适的面试候选人之后，需要通过电话进行初选。电话初选具有方便、快捷，有利于节约企业和应聘者的时间和精力的特点。

然而，电话初选也存在着一定的弊端，主要体现在两个方面：第一，缺乏正式的面对面沟通，无法观察到应聘者的肢体语言和眼神，从而会漏掉很多重要的信息；第二，部分应聘者在电话中的表达并不自如，无法充分而有效地表述自己的观点。

因此，电话初选只是作为初步筛选的工具，而不能作为判断是否最终录用应聘者的测试方法。

8.3　面试的组织与实施

在正式面试前招聘人员应做好充分的准备，如明确面试的目标、布置面试环境、设计面试问题、掌握面试的提问技巧等，以保证面试顺利、有效地开展。

8.3.1　面试的目标

面试是企业与应聘者双方进行的有目的的沟通活动。企业据此可以初步了解应聘者所掌握的知识、技术以及个人能力等相关信息；应聘者可以初步了解企业的整体状况及自己所应聘的岗位的情况。面试的目标可分为面试官的目标和应聘者的目标如图8-6所示。

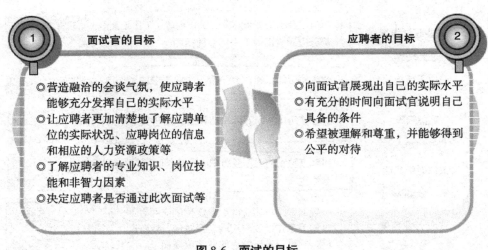

图 8-6　面试的目标

8.3.2　面试环境的布置

面试的环境应安静、舒适，利于营造轻松的气氛。工作人员在布置面试环境时应注意面试官与应聘者的位置以及颜色的搭配，如图 8-7 所示。

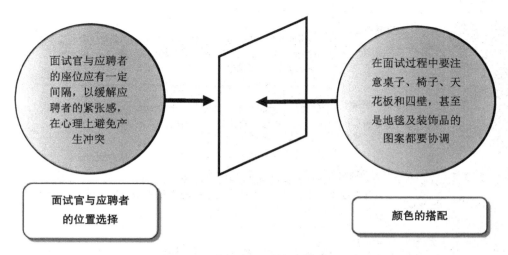

图 8-7　面试的环境布置注意事项

8.3.3　面试问题的设计

　　企业设计面试问题的目的是从多个方面考察应聘者的能力。针对不同的面试对象，面试的问题也应有所不同。本书列举了一些设计面试问题的示例，仅供读者参考，如表 8-5 所示。

表 8-5　面试问题的设计示例

第一部分	
能力维度	**面试试题**
培养他人的能力	请描述一下您曾奖励或鼓励员工的一些具体做法
	请问您是用怎样的方式来监督您所负责的项目进程的
团队合作能力	您希望合作伙伴具备哪些特点
	您认为一个高效的团队应具备哪些条件
第二部分	
工作类别	**面试试题**
销售类	对自己熟悉的商品做一下介绍
	当场就一件物品做即兴推销

8.3.4　面试提问的技巧

　　面试是企业针对应聘者的综合素质进行的测试。在面试的过程中，除了应聘者需要积极地发挥自己的潜力和水平之外，面试官的提问方式也会影响应聘者的发挥，因此，在提问过程中面试官应掌握几种技巧，如图 8-8 所示。

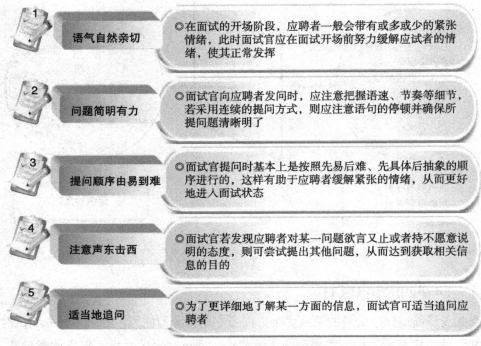

1	语气自然亲切	◎在面试的开场阶段，应聘者一般会带有或多或少的紧张情绪，此时面试官应在面试开场前努力缓解应试者的情绪，使其正常发挥
2	问题简明有力	◎面试官向应聘者发问时，应注意把握语速、节奏等细节，若采用连续的提问方式，则应注意语句的停顿并确保所提问题清晰明了
3	提问顺序由易到难	◎面试官提问时基本上是按照先易后难、先具体后抽象的顺序进行的，这样有助于应聘者缓解紧张的情绪，从而更好地进入面试状态
4	注意声东击西	◎面试官若发现应聘者对某一问题欲言又止或者持不愿意说明的态度，则可尝试提出其他问题，从而达到获取相关信息的目的
5	适当地追问	◎为了更详细地了解某一方面的信息，面试官可适当追问应聘者

图 8-8　面试提问的技巧

8.3.5　结构化面试的设计

结构化面试的设计有四个步骤，包括：岗位分析、确定测评要素、确定面试试题，以及确定考评的标准和考评者。

人力资源管理人员在确定面试试题这一环节中，应特别注意开放式试题的设计和编制要求，如表 8-6 所示。

表 8-6　结构化面试的注意事项

注意事项	相关问题	举例
开放式问题设计	行为式问题	请简述过去您认为最有价值的一件事情
	情境式问题	假如您现在是部门经理，您打算如何开展工作
	解决问题式问题	当上级领导提出的方案与您的意见发生冲突时，您打算怎么办
试题的编制要求	◎ 问题简单明了并围绕测评要素 ◎ 题目的总数控制在 50 个以内 ◎ 单个考评项目所包含的问题不宜太多（最好在 7 个以内）	

8.4　其他选拔方法

除了上述选拔方法外，在招聘过程中，人力资源管理人员还需要根据实际情况经常选择使用心理测试、能力测评、公文处理法和无领导小组讨论法等方法。

8.4.1　心理测试概述

心理测试又称"心理测验"或"心理测评"，它是指利用心理学原理，了解人的能力水平和人格特征等的测验方法。心理测试的内容及适用范围如表 8-7 所示。

表 8-7　心理测试的主要内容

内容	含义	适用对象
智力测试	测量个人的认知能力，包括直觉、记忆和思维能力	所有岗位
能力测试	测量个人具有的潜在能力，包括一般能力和特殊能力	管理和生产类岗位
人格测试	测量个人的行为、心理和个性	服务和销售类岗位

8.4.2　能力测评

能力测评是一种心理测评，主要适用于测量从事某项工作所具备的某种潜在能力。这种测评可以有效地测量人的某种潜能，从而预测其在某职业领域中获得成功的可能性。其内容一般可分为普通能力倾向测试、特殊职业能力测试和心理运动机能测试，如表 8-8 所示。

表 8-8　能力测评的内容

内容	相关说明
普通能力倾向测试	主要内容有：思维、想象、推理、记忆、分析、数学、空间关系判断能力和语言能力等
特殊职业能力测试	1.是指那些特殊的职业或职业群所需具备的能力 2.目的：测量已具备工作经验或受过相关培训的人员在某些职业领域中现有的熟练水平；选择那些具有从事某种职业的特殊潜能，并且能经过少量或不经特殊培训就能从事某种职业的人员
心理运动机能测试	1.心理运动能力：反应时间、肢体运动速度、四肢协调度、手指灵巧度和速度控制能力等 2.身体能力：劳动强度、爆发力、广度灵活性、动态灵活性、身体协调性与平衡性等（可通过体检或借助各种测试仪器等进行测试）

8.4.3　公文处理法

公文处理法又称"公文筐测试"，它是指应聘者模拟某一角色，在规定的时间内对一系列文件和信息进行处理的方法。这些文件或信息可能包括信件、邮件、电话记录和报表等。

公文处理法主要用于考察应聘者的计划、分析、判断和决策等能力，以及对工作环境的理解与敏感程度。

8.4.4　无领导小组讨论法

无领导小组讨论法是指让应聘者（每组一般 5 ~ 7 人）在没有领导者且所有应聘者的地位平等的情况下，就某一问题展开讨论，最终拟订出一个解决方案或计划。考评者根据应聘者在讨论中的表现做出评估。无领导小组讨论法主要用于考察应聘者的 6 大能力，如图 8-9 所示。

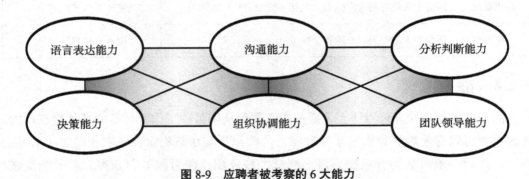

图 8-9　应聘者被考察的 6 大能力

8.5　录用决策

员工录用是招聘工作的重要环节之一，经过对应聘者的笔试、面试、心理测验等层层选拔后，企业对应聘者有了较全面的了解，从而可以做出相应的录用决策，其模式主要有多重淘汰式和综合补偿式这两种。

8.5.1　多重淘汰式

多重淘汰式是指每种测验方法都是淘汰制的，应聘者必须在每种测试中都达到一定的水平，方能合格。该方法是指考评者依次实施多种考核与测验项目，每次淘汰若干低分者。企业应将通过全部考核项目者按最后面试或测验的实得分数进行排名，择优确定录用名单。

8.5.2 补偿式

补偿式中不同测试的成绩可以相互补充，最后招聘人员可根据应聘者在所有测试中的总成绩做出录用决策。例如，分别对应聘者进行笔试和面试选择，再按照笔试与面试的权重比例，综合算出应聘者的总成绩，决定录用人选。值得注意的是，由于权重比例不一样，录用人选也会有差别。

8.5.3 做出录用决策

人员录用是根据选拔的结果做出录用决策的活动，其中最关键的是做好录用决策。录用决策是依照人员录用的原则，避免主观臆断和不正之风的干扰，把选拔阶段的多种考核和测验结果组合起来，进行综合评价，从中择优确定录用名单。

8.6 招聘活动的评估

招聘评估的目的是检验招聘工作的成果与招聘方法的有效性，并为招聘工作的改进提供依据。企业在对招聘活动进行评估时主要可以采用成本效益评估、数量质量评估和信度效度评估的方法。

8.6.1 成本效益评估

招聘评估通过成本与效益核算，能够使招聘人员清楚地知道费用的支出情况，进而区分哪些是应支出项目，哪些是不应支出项目，这有利于减少招聘的费用，为组织节省开支。成本效益评估主要分为招聘成本效用评估和招聘成本收益比，其具体内容如表8-9所示。

表 8-9 成本效益评估的具体内容

方式	相关说明	所用公式
招聘成本效用评估	◎ 是对招聘成本所产生的效果进行分析	◎ 总成本的效用＝录用人数／招聘总成本 ◎ 招聘成本效用＝应聘人数／招聘时间费用 ◎ 选拔成本效用＝被选中人数／选拔期间费用 ◎ 人员录用效用＝正式录用人数／录用期间费用

（续表）

方式	相关说明	所用公式
招聘成本收益比	◎ 既是一项经济评价指标，同时也是对招聘工作的有效性进行考核的一项指标 ◎ 招聘成本收益越高，则说明招聘工作越有效，反之则不然	◎ 招聘收益成本比＝所有新员工为组织创造的总价值／招聘总成本

8.6.2 数量质量评估

1. 数量评估

对员工数量的评估是对招聘工作有效性进行检验的一个重要方面。数量评估有利于招聘人员找出各招聘环节上的薄弱之处，改进招聘工作。同时，录用人员数量与招聘计划数量的比较能为人力资源计划的修订提供依据。

录用人员评估主要围绕录用比、招聘完成比和应聘比这3个方面进行，其计算公式如图 8-10 所示。

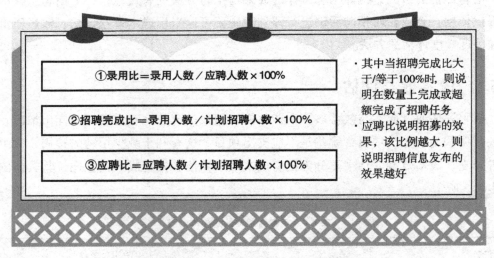

①录用比＝录用人数／应聘人数×100%

②招聘完成比＝录用人数／计划招聘人数×100%

③应聘比＝应聘人数／计划招聘人数×100%

· 其中当招聘完成比大于/等于100%时，则说明在数量上完成或超额完成了招聘任务

· 应聘比说明招募的效果，该比例越大，则说明招聘信息发布的效果越好

图 8-10　数量评估的 3 个公式及说明

2. 质量评估

录用员工质量评估是指对员工的工作绩效、实际能力、工作潜力进行评估，它既是对工作招聘成果与方法的检验，又为员工培训、绩效评估提供了必要的信息。企业对录用员工质量进行评估，有利于检验招聘工作与方法的有效性，有利于招聘方法的改进。

8.6.3 信度效度评估

信度主要是指测试结果的可靠性和一致性。可靠性是指重复测试得出同样的结论。效度即有效性或准确性，它是指实际测评的应聘者的有关特征与企业想要测评的特征的符合程度。

信度与效度评估是对招聘过程中所使用的方法的正确性与有效性进行的检验，只有信度和效度达到一定水平的测试，其结果才适合作为录用决策的依据，否则将误导招聘人员，干扰其做出准确的决策。

第 9 章

发布广告：如何编制与发布招聘广告

招聘广告是指企业通过报刊、网络、电视、广播等大众媒体向求职者发布人才需求信息，以吸引企业空缺岗位人员的一种招聘工具。招聘广告一方面可以将有关工作的性质、工作要求、雇员应该具备的资格等信息提供给潜在的申请人；另一方面也可以向申请人介绍企业的优势。

9.1 企业简介的编写

企业简介是企业为了吸引应聘者，向应聘者乃至全社会树立企业的良好形象，对本企业以及某一工作岗位的基本情况做出的介绍。招聘广告中的企业简介应说明企业的性质、业务经营范围、企业文化、企业的发展形势等，企业简介一定要具有吸引力，以激起应聘者对企业的兴趣。

9.1.1 企业简介的功能

企业简介能向应聘者展示企业的基本资料，并具有一定的效力和功能。企业简介的功能如图 9-1 所示。

◎ 企业传达其价值观，展示真实的企业概况和工作情景，可以使应聘者首先进行一次自我筛选，判断自己与这家企业的要求是否匹配
◎ 企业简介可以使应聘者清楚地知道这个组织是否为自己所期望加入的
◎ 企业向应聘者真实地介绍企业概况及工作情景，会使应聘者感到公司是真诚的、值得信赖的
◎ 企业简介所呈现出的工作概况以及对具体环境和条件的描述，可以使应聘者对未来工作过程中可能面临的困难和问题有一定的思想准备，即使未来在工作中遇到一些困难和问题，他们也不会退缩和回避，而是采取积极的态度，想方设法地去解决问题

图 9-1 企业简介的功能

9.1.2　编写企业简介的 4 个原则

企业简介是应聘者认识企业的第一扇窗口，所以招聘者应遵循特定的原则来编写企业简介，以优化其在招聘工作中的作用。编写企业简介的 4 个原则如图 9-2 所示。

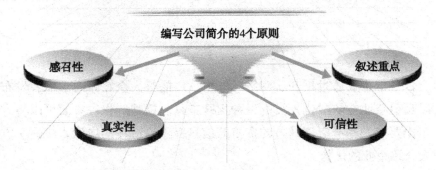

图 9-2　编写企业简介的 4 个原则

9.1.3　编写企业简介的 4 个步骤

人力资源管理人员在编写企业简介时，应充分分析企业简介的特点与编写要求，按照合理的步骤进行编写，具体编写步骤如表 9-1 所示。

表 9-1　编写企业简介的 4 个步骤

序号	4 个步骤	具体内容
1	正确选择企业简介的形式	（1）不同规模的企业会选用不同的形式来编写企业简介 （2）把企业简介当成一个对外展示企业形象的窗口，同时也要满足企业人员招聘活动的需求 （3）根据不同招募场合的需要设计不同形式的企业简介
2	收集整理企业的相关资料	备忘录、大事记等
3	确定企业简介的基本内容	企业名称、服务领域、经营产品、发展历程、经营规模、企业理念、发展目标等
4	企业简介的制作	内容制作、版式设计、材质设计等

9.2　招聘广告的设计

随着现代社会人才竞争的愈演愈烈，为了吸引更多符合企业要求的应聘者，招聘广告的设计是很重要的。一份优秀的招聘广告要充分显示出企业对人才的吸引力和企业的魅力，以达到使应聘者过目不忘的目的。

9.2.1　招聘广告的一般特点

企业的招聘广告不仅具有传播人员招聘信息的基本功能，还代表着企业的形象，因此人力资源管理人员需要认真制定方案。企业通过招聘广告的形式来招聘各类人才。企业招聘广告一般具备 5 个特点，如图 9-3 所示。

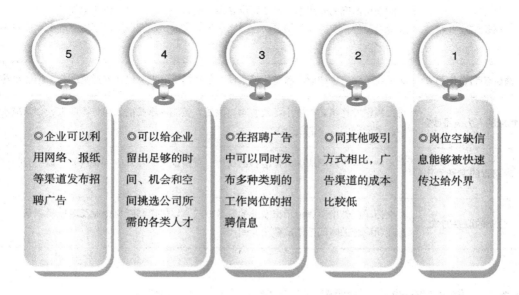

◎企业可以利用网络、报纸等渠道发布招聘广告

◎可以给企业留出足够的时间、机会和空间挑选公司所需的各类人才

◎在招聘广告中可以同时发布多种类别的工作岗位的招聘信息

◎同其他吸引方式相比，广告渠道的成本比较低

◎岗位空缺信息能够被快速传达给外界

图 9-3　企业招聘广告的 5 个特点

招聘广告是一种有效的招聘初级和中级员工的方法，为保证招聘广告的有效性，人力资源管理人员需制作合格的招聘广告，合格的招聘广告应具备 4 个特点：简单明了，准确清晰以避免引起争议及违反规定，条件要求得当，有的放矢。

9.2.2　招聘广告的结构和内容设计

人力资源管理人员需要合理设计企业招聘广告的结构，以便将信息准确地传达给应聘者。招聘广告的基本结构包括企业概况、发展前景、工作地点、岗位职务、工作责任、任职资格、工资水平、薪资福利、个人素质。

企业招聘广告的内容主要包含 6 个部分，如表 9-2 所示。

表 9-2　企业招聘广告的主要内容

6 个部分	具体内容
企业情况简介	1. 以简洁的语言介绍企业情况，企业情况简介中应该包含企业最突出的特色和富有吸引力的特点 2. 广告中最好使用企业标识，并提供企业的联系方式、网址等信息，以供应聘者获取更多信息
岗位情况介绍	1. 对岗位情况的介绍主要包括岗位名称、所属部门、主要工作职责等 2. 编写岗位情况时应依据《岗位说明书》来完成，但应以应聘者能够理解和感兴趣为原则
岗位任职资格要求	必须在招聘广告中对应聘者的基本任职条件提出要求，包括专业范围、工作经验等
相应的人力资源政策	可以视情况在招聘广告中提及应聘岗位的人员能够享受的人力资源政策，如薪酬水平、劳动合同、培训机会等
应聘者的准备工作	在招聘广告中注明应聘者需准备的简历、资格证书、照片等相关材料，以提升招聘工作的效率
企业的联系方式	1. 在招聘广告中明确标示出企业的联系方式，以供应聘者与企业及时取得联系 2. 注明应聘的时间范围或截止时间

9.2.3　撰写招聘广告的注意事项

　　企业在撰写招聘广告时需要确保招聘广告内容真实、合法和简洁等，如图 9-4 所示。

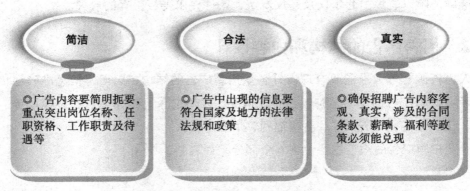

图 9-4　撰写招聘广告的注意事项

9.3　招聘信息发布渠道的选择

常用的招聘信息发布渠道有平面媒体（报纸、杂志等）、互联网（人力资源网、专业招聘网站、企业网站）、校园招聘、人才交流会等。为达到招聘目标，企业需要结合企业的财务状况和招聘岗位的实际情况来选择信息发布的渠道。

9.3.1　广告媒体针对性的比较

发布招聘广告的渠道很多，企业可以采用的广告媒体主要包括：报纸、杂志、广播电视、互联网等，这些媒体具有不同的优缺点和适用范围。选择哪种媒体发布广告，关键取决于企业所需人才的类型，各种广告媒体的综合对比如表 9-3 所示。

表 9-3　各种广告媒体的综合对比

媒体	优点	缺点	适用范围
报纸	广告的大小可灵活选择	更新速度快，同时纸质及印刷质量可能会对广告的设计造成限制	特定地区的招聘、候选人数较多的岗位、流失率高的行业或职业
杂志	便于保存，纸质和印刷质量比报纸好	广告预约期长，申请岗位的期限也会比较长，同时发行的区域可能较为分散	候选人相对集中领域、空缺岗位并非迫切需要补充、地区分布较广的情况
广播电视	可产生较强冲击力的视听效果，容易给人留下深刻印象	广告播放时间短，不便保留，费用比较高	企业需迅速扩大影响，急需招聘大量人员的情况
互联网	信息传播范围广、速度快、成本低、周期长，联系起来快捷方便，不受时间和地域影响	信息真实度低，应用范围较小，基础环境薄弱，技术服务体系不完善，成功率较低	适用于企业对各类人员的招聘工作
其他印刷品	极富灵活性	需与其他招聘方法结合使用	适用于宣讲会等特殊场合

9.3.2　选择互联网刊登招聘广告注意事项

互联网招聘已经日渐成为企业招聘的主要媒介，人力资源管理人员在互联网上刊登招聘广告及开展网络招聘时，需要注意 4 个方面的事项：企业简介要具有吸引力，职位描述要规范，要第一时间给求职者反馈，给予求职者充分的尊重，如图 9-5 所示。

企业简介要具有吸引力

◎从企业的业务范围、规模、发展状况、未来发展方向和企业文化等方面用心地编写企业简介，可以参考世界500强或知名大型企业简介的写作模式

职位描述要规范

◎岗位描述分为两个部分：一是岗位职责，也就是入职之后具体负责哪些工作；二是任职资格，即具备哪些条件的候选人符合筛选条件

要第一时间给求职者反馈

◎求职者往往比较青睐能快速提供反馈的企业，并认为此类企业做事效率高，重视人才。所以收到候选人的简历后，人力资源管理人员应第一时间进行筛选，对合适的候选人尽快安排面试，对决定录用的候选人要立即通知录用结果，然后尽快安排其入职

给予求职者充分的尊重

◎充分尊重候选人，安排双方方便的时间进行面试。面试通知的内容包括公司介绍、面试时间、面试地点、需提交的面试资料、公司地址等，以便提高面试到场率

图 9-5　互联网刊登招聘广告注意事项

9.3.3　选择报纸刊登招聘广告的程序和方法

一般来说，报纸广告的覆盖面比较广，影响持续的时间较长，在招聘人员比较多、岗位层次的跨度比较大的情况下，采用报纸刊登招聘信息可以起到事半功倍的效果。

1. 选择报纸发布招聘信息的基本程序

（1）选择刊登广告的报纸。

（2）决定刊登广告的时间。

（3）编制刊登广告的费用预算，并向上级提出申请。

（4）广告文稿的拟订、修改与审批。

2. 办理刊登广告的手续

（1）预定版面，并与报社、广告企业订立广告合同。

（2）准备好营业执照副本，并加盖公章。

（3）准备好招聘原稿复印件，并加盖公章。

（4）手续办理者持单位介绍信和本人身份证去当地行政主管部门办理审批手续。

（5）将主管部门的审批件及招聘原稿提交给报社。

（6）校对广告词的样本。

3. 跟踪广告刊登结果并存档

招聘人员应根据与广告企业所订立的合同要求，及时查看报纸广告是否如期刊登，并将该份报纸存档。

第 10 章

简历筛选：如何筛选简历与申请表

人力资源部门通过审阅应聘者的个人简历或招聘申请表对应聘人员进行初选，其目的是筛选出那些背景和潜质与职务所需条件相当的候选人，并从合格的应聘者中选出参加面试的人员。所以，简历和申请表的筛选是对应聘者进行资格审查的重要环节。

10.1 招聘申请表的设计

"招聘申请表"所反映的资料对企业进行面试评定以及对应聘者的能力、资历的判断有极其重要的作用，好的"招聘申请表"可以帮助企业降低招聘成本，提高招聘效率，尽快招到理想的人选，所以人力资源管理人员在设计"招聘申请表"时一定要遵从科学，并且认真、负责，以便能全面反映企业需要的有关信息。

10.1.1 招聘申请表与简历

"招聘申请表"是由招聘企业设计的，并用标准化的格式表现出来的一种初级筛选表，其内容包含应聘人员的个人基本情况、工作经历、教育和培训经历等。

简历是由应聘者提供的，它是对个人学历、经历、特长、爱好等情况的书面介绍。简历是对求职者个人形象、资质与能力的书面介绍，是求职时必不可少的一份材料。

"招聘申请表"和简历有各自的优缺点，如表 10-1 所示。

表 10-1 招聘申请表和简历的优缺点

项目 优缺点	招聘申请表	简历
优点	直截了当 结构完整 排除不必要的内容 易于评估	体现应聘者的个性 允许应聘者强调自认为重要的方面 允许应聘者点缀自己 费用较少
缺点	限制创造性 设计、印刷费用较多	允许应聘者删减某些方面的信息 难以评估

10.1.2 招聘申请表的特点

企业编制的"招聘申请表"有 3 个方面的特点：节省时间、准确了解、提供后续选择的参考，如图 10-1 所示。

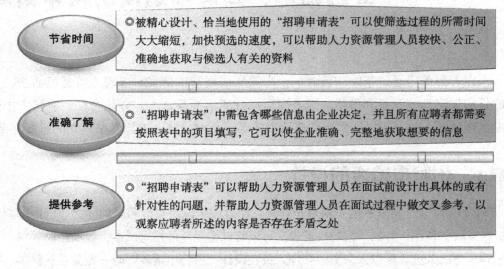

节省时间 ◎ 被精心设计、恰当地使用的"招聘申请表"可以使筛选过程的所需时间大大缩短，加快预选的速度，可以帮助人力资源管理人员较快、公正、准确地获取与候选人有关的资料

准确了解 ◎ "招聘申请表"中需包含哪些信息由企业决定，并且所有应聘者都需要按照表中的项目填写，它可以使企业准确、完整地获取想要的信息

提供参考 ◎ "招聘申请表"可以帮助人力资源管理人员在面试前设计出具体的或有针对性的问题，并帮助人力资源管理人员在面试过程中做交叉参考，以观察应聘者所述的内容是否存在矛盾之处

图 10-1 招聘申请表的特点

10.1.3 招聘申请表的内容

一般来说，人力资源管理人员要根据《岗位说明书》来设计"招聘申请表"的内容。"招聘申请表"的主要内容包括 6 个方面，如图 10-2 所示。

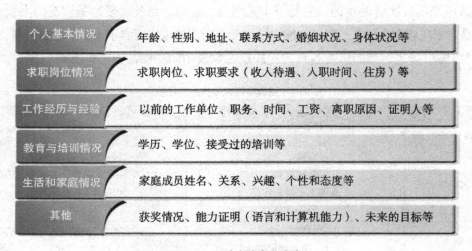

个人基本情况 年龄、性别、地址、联系方式、婚姻状况、身体状况等

求职岗位情况 求职岗位、求职要求（收入待遇、入职时间、住房）等

工作经历与经验 以前的工作单位、职务、时间、工资、离职原因、证明人等

教育与培训情况 学历、学位、接受过的培训等

生活和家庭情况 家庭成员姓名、关系、兴趣、个性和态度等

其他 获奖情况、能力证明（语言和计算机能力）、未来的目标等

图 10-2 招聘申请表的内容

10.1.4　招聘申请表的设计要求

"招聘申请表"是应聘者提供个人履历和资料的基本形式，是招聘人员进行招聘时不可缺少的一种工具。它一般由招聘单位的人力资源部门设计，由应聘人员在求职时自行填写。人力资源部门在设计"招聘申请表"时应当注意图 10-3 所示的 3 点要求。

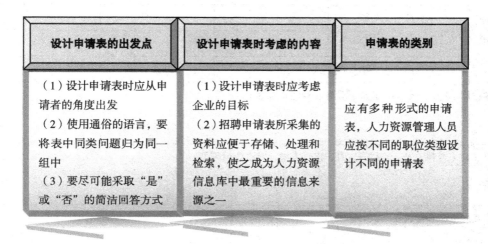

设计申请表的出发点	设计申请表时考虑的内容	申请表的类别
（1）设计申请表时应从申请者的角度出发 （2）使用通俗的语言，要将表中同类问题归为同一组中 （3）要尽可能采取"是"或"否"的简洁回答方式	（1）设计申请表时应考虑企业的目标 （2）招聘申请表所采集的资料应便于存储、处理和检索，使之成为人力资源信息库中最重要的信息来源之一	应有多种形式的申请表，人力资源管理人员应按不同的职位类型设计不同的申请表

图 10-3　设计招聘申请表时应注意的 3 点要求

10.1.5　设计招聘申请表的示例

表 10-2 和表 10-3 是两家企业根据实际需求设计的"招聘申请表"，它们反映了这两家企业在企业人力资源管理理念和管理技术上的差异。

表 10-2　×××企业招聘申请表

请您如实填写以下项目，我企业郑重声明：绝不会向第三者透露您的信息				
姓名		性别		年龄	
婚姻状况		民族		政治面貌	
应聘岗位		专职／兼职			
身份证号		手机号			
电子邮件		家庭电话			
个人网址		其他联系方式			
通信地址			邮政编码		
健康状况		有无传染疾病		有无住房	

（续表）

文化程度与受教育情况（请详细说明您所毕业的学校、专业、学历、学位、接受的培训、自学情况）：

工作经历	时间	所在单位	职务	待遇	离职原因
	___年__月—___年__月				
	___年__月—___年__月				
	___年__月—___年__月				

特别技能（特长、优势、兴趣、爱好、专注领域等）：

主要成果（专利、专著、科研成果、设计方案、突出业绩等）：

个人发展意向和待遇要求：

可上岗时间	

表 10-3 ×××企业招聘申请表

姓名		性别		身高		体重	
身份证号码		出生年月		现居住地			
详细通信地址				联系电话			

应聘前的工作情况：现在职□ 已离职□ 最后的离职时间：___年__月__日
离职原因：劳动报酬□ 上司关系□ 工作条件□ 晋升机会□ 家庭因素□ 其他情况□

在职工作情况	岗位： 职务： 技术水平： 使用设备：

我希望获得的工作岗位： 期望月薪： 何时上岗：

履历——受教育程度

	年份	学校	是否毕业	离校时间	专业	成绩	备注
高中							
本科							
研究生							

（续表）

过去的工作经历——请先列出现在的岗位、职务或最后的岗位、职务					
入职时间	离职时间	企业名称、地址和负责人姓名	离职原因	职务名称	工资待遇

家庭成员的情况				
姓名	关系	工作单位	现任职务	现住址

你在现住址居住的时间：□年□月；不满一年的，请写出以前的住址：

你经常借用什么交通工具上班：你无□或有□自己的汽车，车牌号码是：

证明人：请写出三个了解你的证明人，不包括你的亲戚和原雇主。

1	姓名：　　　　　职务：　　　　　地址：　　　　　　　联系电话：
2	姓名：　　　　　职务：　　　　　地址：　　　　　　　联系电话：
3	姓名：　　　　　职务：　　　　　地址：　　　　　　　联系电话：

其他需要说明的信息，如经历、爱好、特别事项等：

仔细阅读后，我清楚地知道一旦接受贵企业的聘用，如果本申请书中填写了不真实的资料，我就将被解聘。

本表的填写人签字：　　　　___年__月__日

10.2　筛选简历的方法

简历是应聘者自带的材料，简历的筛选涉及很多方面的问题，人力资源管理人员可以根据这些方面筛选简历：关注整体印象、分析简历结构、审查简历的客观内容、审查简历中的逻辑性、判断应聘者是否符合岗位技术要求和经验要求。

10.2.1　关注整体印象

简历筛选是指人力资源管理人员通过观察法对候选人的简历进行大致浏览后，得出对简历的整体印象，标出简历中感觉不可信的地方，以及感兴趣的地方，并在面试过程中针对这些方面对应聘者提出问题。筛选简历时需要观察的因素如图 10-4 所示。

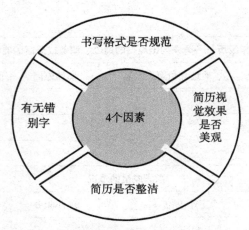

图 10-4　筛选简历时需要观察的因素

10.2.2　分析简历结构

简历的结构在很大程度上反映了应聘者的组织和沟通能力，结构合理的简历比较简练，一般不超过两页。通常应聘者为了强调自己近期的工作，在列出教育背景和工作经历时，可以采用从现在到过去的时间排列方式，并且突出描述与应聘岗位相关的经历。简历并没有标准的格式，只要通俗易懂即可。

10.2.3　审查简历的客观内容

简历的内容大体上可以分为两部分，即主观内容和客观内容。其中，主观内容主要包括应聘者对自己的描述，如"本人开朗乐观、勤学好问"等自我评价性的内容。在筛选简历时应将注意力放在客观内容上，客观内容主要包括个人信息、受教育程度、工作经历和个人成绩这 4 个方面，如表 10-4 所示。

表 10-4　审查简历的客观内容

4 点内容	具体内容
个人信息	1. 个人信息包括姓名、性别、民族、年龄、学历等
	2. 筛选对硬性指标（工作经历、学历）要求较高的职位时，如某位应聘者的简历的其中一项不符合职位要求人力资源管理人员应快速将其排除
	3. 在筛选对硬性指标要求不严的职位时，结合招聘职位的要求进行筛选
受教育经历	1. 包括受教育经历和培训经历等
	2. 在查看求职者的受教育经历时，要特别注意查看求职者是否对某些方面做了含糊的描述
	3. 在查看培训经历时，重点关注专业培训，查看培训内容与招聘岗位是否对口

（续表）

4 点内容	具体内容
工作经历	1. 工作经历包括工作单位、工作起止时间、工作内容、参与项目的名称等
	2. 查看求职者工作时间的长短、跳槽或转岗的频率等
	3. 查看求职者所学专业与工作的对口程度，查看求职者的专业程度
个人成绩	1. 个人成绩包括学校、工作单位所给予的各种奖励等
	2. 查看求职者个人成绩是否适度，是否与职位要求相符

10.2.4　审查简历中的逻辑性

简历审查人员在审查应聘者的简历时，要注意简历中关于工作经历和个人成绩方面的描述是否有条理和符合逻辑性。如果能够断定简历中存在虚假成分，简历审查人员就可以直接将这类应聘者淘汰。简历中的逻辑问题有很多种，我们在图 10-5 中列举出了两类供简历审查人员参考。

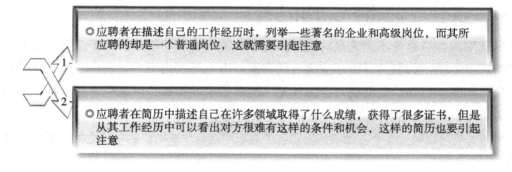

图 10-5　简历中的主要逻辑问题

10.2.5　判断岗位技术和经验相符性

简历审查人员在对应聘人员的简历进行筛选的过程中，最重要的一步就是通过分析应聘者的学习经历及工作经历判断其与岗位所需技术以及经验的相符程度。

在客观内容中，简历审查人员首先要查看应聘者的个人信息和受教育经历，判断应聘者的专业资格和经历是否与空缺岗位相符。如果不符合要求，简历审查人员就没有必要再浏览其他内容，可以直接排除。如果对学历有特殊要求，简历审查人员需要特别注意简历中是否有模糊的描述、隐藏教育的起止时间及类别，这可能是蒙混过关的行为。

在明确应聘者的教育经历符合要求后，招聘人员需要对应聘者的工作经历进行评估、详细分析其之前的工作经历是否与本岗位所要求的技能及相关经验相符。工作经验及工作技能的重叠度不可能达到 100%，招聘人员应对应聘者之前的工作单位、岗位、项目经历等相关因素进行综合分析，最终确定最合适的人选。

10.3　筛选申请表的方法

企业招聘人员在筛选"招聘申请表"时，一般应从应聘者的态度、离职原因、求职动机等方面进行判断和考查。

10.3.1　判断应聘者的态度

在应聘者提交"招聘申请表"后，企业招聘人员应首先查看应聘者填写表格的认真程度和填写内容的真实性，进而筛选出那些不完整和字迹难以辨认的材料，进而根据应聘者的态度开展有针对性的面试和甄选工作。为合理利用面试时间，企业招聘人员应直接淘汰那些态度不认真的应聘者。

10.3.2　关注离职原因与求职动机

离职原因与原企业不能满足应聘者的需求有关，求职动机与新的工作机会吸引应聘者的部分有关。一般情况下，应聘者的离职原因主要包括个人问题、企业文化的适应问题、薪酬问题等。与此相对应的便是应聘者的求职动机，当企业不能满足员工的某些需求时，一些员工就会选择一家新企业以满足个人的需求。

招聘人员可以通过 4 个方面考察应聘者的离职原因与求职动机的可疑之处，如图 10-6 所示。

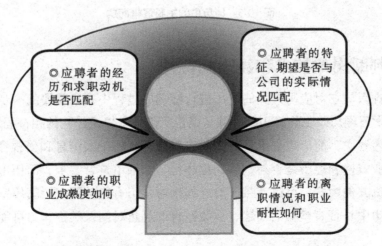

◎应聘者的经历和求职动机是否匹配

◎应聘者的特征、期望是否与公司的实际情况匹配

◎应聘者的职业成熟度如何

◎应聘者的离职情况和职业耐性如何

图 10-6　招聘申请表中离职原因与求职动机的筛选方法

10.3.3　注明高职低就、高薪低就及可疑之处

应聘者的"招聘申请表"中可能或多或少包含一些虚假的内容。企业招聘人员在审查"招聘申请表"时，通过分析求职岗位与原工作岗位的情况，尤其要对高职低就、高薪低就等情况加以注意，并且用铅笔注明可疑之处，在面试时将其当作重点提问和甄别的内容之一。必要时，企业招聘人员应该检验应聘者的各类能证明身份及能力的证件。

10.3.4　注意申请表与简历的匹配度

"招聘申请表"与个人简历的作用是不同的，因此企业招聘人员在进行招聘初步甄选时，要特别注意应聘者所填写的招聘申请表和个人简历的匹配度。具体内容如图 10-7 所示。

招聘申请表	个人简历
◎ "招聘申请表"是服从和服务于组织的。招聘企业要求应聘者填写"招聘申请表"是为了规避应聘者提供的资料有漏洞、表述不详和信息不真实等	◎ 个人简历是由应聘者制作的。应聘者为了获得好的工作，可能会虚假地描述个人经历，或者在制作简历时出现纰漏

图 10-7　招聘申请表与个人简历的出发点

对应聘者个人简历中和所填写的"招聘申请表"中存在的有关信息不相符的部分，企业招聘人员应该用铅笔注明，以便在面试中进行询问和考证。

第 11 章

校园招聘：从准备到实施

大学校园是高素质人才较为集中的地方，校园招聘很容易收集到充足的工作申请材料。应届毕业生拥有充沛的精力，对新事物具有较强的接受能力，他们极有可能成为企业未来的支柱。由于应届毕业生没有工作经历，其思维方式与处理问题的方法不容易与企业产生抵触，因此更容易融入企业的文化。

11.1 校园招聘的准备

企业选择校园招聘不仅可以使招聘活动更有针对性，保证应聘者具备相关职位所要求具备的基本素质，还能够适时地为企业做宣传，为企业招聘到人才做准备，所以企业进行校园招聘前应将准备工作做到实处。

11.1.1 校园招聘的特点

校园招聘亦称"上门招聘"，即由企业的招聘人员通过到学校招聘、参加毕业生交流会等形式直接招募人员。应届毕业生最常见的招募方法是每年举办的人才供需洽谈会，供需双方直接见面并可以进行双向选择。

校园招聘是一种特殊的外部招聘途径。与其他招聘途径相比，校园招聘有其自身的特点，具体表现在 5 个方面，如图 11-1 所示。

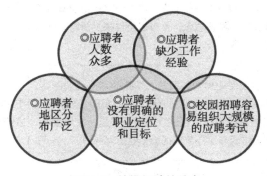

图 11-1　校园招聘的特点

与其他招聘途径相比，校园招聘具有一些优缺点，如图 11-2 所示。

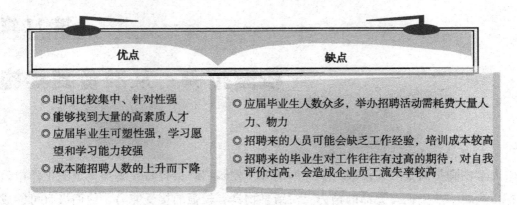

图 11-2　校园招聘的优缺点

11.1.2　校园招聘的方式

校园招聘的方式是多种多样的，企业采取什么样的校园招聘方式，与其所在的行业、企业类型、发展阶段、岗位设置要求以及企业文化息息相关。只有对自身有着明确而清晰的定位，并运用最适合自身的招聘方式，企业才能在校园招聘这场人才抢夺战中取得胜利。

对 4 种常见的校园招聘方式的比较，如表 11-1 所示。

表 11-1　校园招聘方式比较

校园招聘方式	操作方法	特点
专场招聘会	在每年校园招聘的高峰时节，当地政府和各高校会组织一些大型的专场招聘会，为前来投递简历的学生和招聘企业提供面对面交流的机会，并及时进行选拔测试	1. 可大幅节省招聘成本和时间 2. 一般适合招聘对象明确、招聘人数不多的中小型企业
校园宣讲会	企业针对目标学校组织专门的讲座，通过企业高层、人力资源负责人和在本企业工作的校友来传达企业基本概况、企业文化、经营理念，发布职位空缺、招聘条件和招聘流程等信息	1. 通过互动引导学生全面地了解企业 2. 对企业的形象及其产品有一定的宣传效果
网络招聘	1. 企业可以在专业的招聘网站、学校的招生就业网站、各大校园 BBS 以及企业的官网上发布招聘信息 2. 也可以把初期的校园宣讲会的组织实施、简历接收、筛选和面试通知等环节委托给专业招聘网站	宣传力度较大，招聘效率高，招聘成本低

（续表）

校园招聘方式	操作方法	特点
实习生招募	在应届毕业生正式求职前，企业会为经过初步挑选的应届毕业生提供一些实习岗位，表现优秀的实习生将成为企业正式录用的备选人才，企业还可将一些优秀毕业生纳入人才储备库	1. 企业能够提前了解应届毕业生的个性特点及工作表现 2. 实习生对企业和工作提前有所了解，正式工作后能够很快上手

11.1.3　选择学校时应考虑的因素

企业在进行校园招聘时，对目标学校的选择是招聘工作最基础的环节，企业在选择学校时需要综合考虑以下 7 个方面的因素，从而提高招聘效率，减少在人力、物力、财力等方面的不必要的资源浪费，如图 11-3 所示。

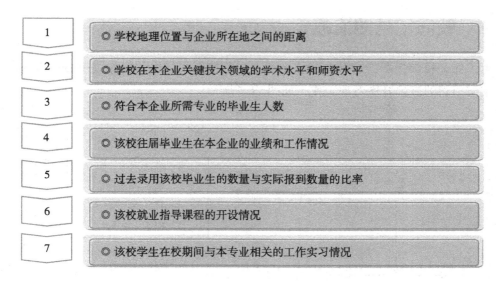

1	◎ 学校地理位置与企业所在地之间的距离
2	◎ 学校在本企业关键技术领域的学术水平和师资水平
3	◎ 符合本企业所需专业的毕业生人数
4	◎ 该校往届毕业生在本企业的业绩和工作情况
5	◎ 过去录用该校毕业生的数量与实际报到数量的比率
6	◎ 该校就业指导课程的开设情况
7	◎ 该校学生在校期间与本专业相关的工作实习情况

图 11-3　选择学校时应考虑的因素

11.1.4　校园招聘关注的问题

与社会招聘相比，校园招聘具有一定的特殊性，企业需要重点注意以下问题，以达到预期的招聘效果。校园招聘中应关注的问题如图 11-4 所示。

◎要了解国家在大学生就业方面的一些政策和规定，以免所选中的人才由于手续的限制而无法到企业工作

◎做好参与招聘人员的会前培训工作，对学生感兴趣和关心的问题要提前做好准备，必要时形成文字资料，保证所有的招聘人员在回答问题时口径一致

◎部分学生在就业选择中有"脚踩几只船"的现象，所以在招聘时，要有一定数量的备选人员

◎选择学校时要与对方就业老师了解一下学生的就业意向和考研状况，同时关注该校的招聘网站，了解企业在该校面临的校园招聘竞争情况

◎在到学校前5~7天再一次联系学校的就业负责人，再次确定招聘时间和招聘地点，在此期间在校园内大力宣传自己的企业，以优化宣传效果

◎签约时注意学生的就业协议是否已盖好印章，内容是否完整。准确记录学生的联系方式，并要求学生如变更电话号要及时告知公司，以保证联系不会中断

图 11-4　在校园招聘中应关注的问题

11.2　校园招聘的流程

为了保证校园招聘的有效实施，企业在进行校园招聘之前要做好充分的准备，并按照校园招聘的流程开展各项工作，如图 11-5 所示。

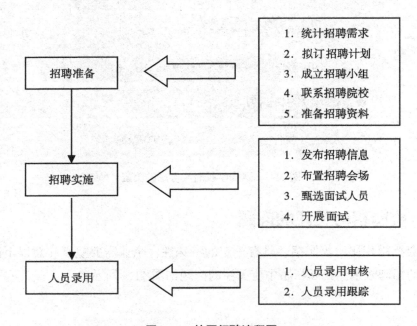

图 11-5　校园招聘流程图

11.2.1 校园招聘的准备工作

在深入了解校园招聘的特点和方式，综合考虑企业的发展现状及岗位需求情况后，企业应做好开展校园招聘的具体准备工作，具体内容如图11-6所示。

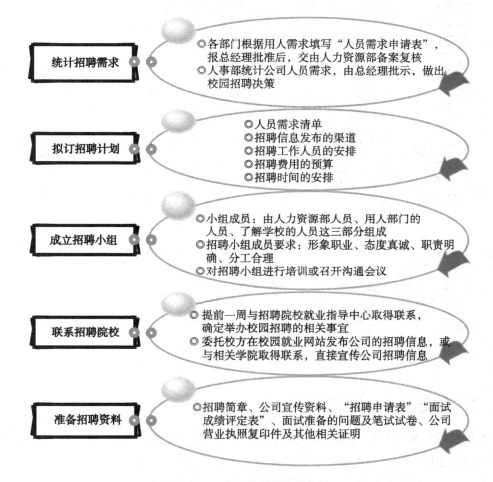

图 11-6 校园招聘的准备工作

11.2.2 校园招聘考题准备

校园招聘的考题侧重于对个人的基础知识和素质能力进行考察，一般包括两个方面，即一般知识和能力及专业知识和能力。一般知识和能力包括一个人的社会文化知识、智商、语言理解能力、数学才能、推理能力、推理速度和记忆能力等；专业知识和能力即与应聘岗位相关的知识和能力，如财务会计知识、管理知识等。

根据招聘考题呈现的方式，考题可以被分为笔试题和面谈时需提问的问题。企业进行校园招聘时，可以根据招聘岗位的需求准备考题，主要考察个人的知识面、应变能力、素质和潜力，对社会阅历、工作经验、领导能力等可以不做重点考察。图 11-7 给出了一些经典的校园招聘面试考题。

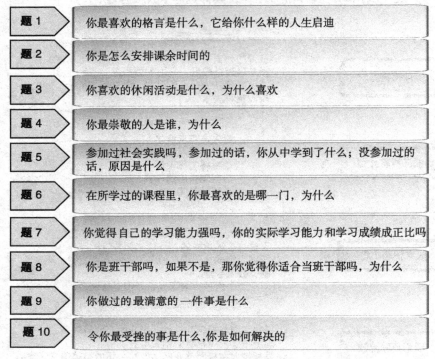

题 1   你最喜欢的格言是什么，它给你什么样的人生启迪

题 2   你是怎么安排课余时间的

题 3   你喜欢的休闲活动是什么，为什么喜欢

题 4   你最崇敬的人是谁，为什么

题 5   参加过社会实践吗，参加过的话，你从中学到了什么；没参加过的话，原因是什么

题 6   在所学过的课程里，你最喜欢的是哪一门，为什么

题 7   你觉得自己的学习能力强吗，你的实际学习能力和学习成绩成正比吗

题 8   你是班干部吗，如果不是，那你觉得你适合当班干部吗，为什么

题 9   你做过的最满意的一件事是什么

题 10   令你最受挫的事是什么，你是如何解决的

图 11-7 校园招聘面试考题

11.2.3 校园招聘考核评价

校园招聘小组应针对招聘岗位的信息提前制定统一的考核评价标准，根据明确的考核评分和录用标准从众多应聘者中选拔合适的人才，达到良好的招聘效果。

表 11-2 给出了校园招聘的一般考核评价标准，供读者参考。

表 11-2 校园招聘一般面试考核评价标准

考核项目	评价标准	计分（分）
举止仪表	个人外貌形体较差，穿着修饰凌乱不得体	1
	个人外貌形体一般，穿着修饰整齐但不得体	2
	个人外貌形体一般，穿着修饰整齐得体，举止符合礼节	3
	个人外貌形体良好，穿着修饰整齐得体，举止符合礼节，说话文雅礼貌	4

（续表）

考核项目	评价标准	计分（分）
举止仪表	个人外貌形体优秀，穿着修饰整齐得体，举止符合礼节，说话文雅礼貌，对面试官讲话真诚	5
言语理解表达能力	理解他人的意思，口齿清晰、说话流畅	1
	言语表达顺畅，能说明重点	2
	表达的内容有条理，逻辑层次表达清晰	3
	用词准确、恰当	4
	运用各种修辞手法生动形象地说明情况，具有说服力	5
工作动机匹配性	个人求职的意向模糊，对个人发展没有考虑	1
	个人求职的意向清楚，对个人发展有一定的考虑，个人期望与企业情况在一定程度上相符	2
	个人求职的意向清楚，对个人发展有全面的考虑，对企业基本了解，个人期望同企业的情况基本符合	3
	个人求职的意向清楚，对个人发展有全面、切合实际的考虑，对企业较为了解，个人期望同企业情况较为符合	4
	个人求职的意向强烈，对个人发展有全面、切合实际的考虑，对企业有深入的了解，个人期望同企业情况完全符合	5
人际关系适应能力	以自我为中心，在沟通协调过程中扮演被动角色	1
	理解组织成员之间的各种关系，积极主动地表达个人意见	2
	耐心地倾听组织成员的意见，并从他人的立场上去考虑问题，体会他人的感受	3
	了解沟通对象的个性特征，并有针对性地通过各种方式将组织中的各种信息进行有效传递	4
	充分了解维系人际关系的原则，在双赢的情况下达成目标	5
分析判断能力	分解、罗列问题：把问题分解成一系列简单的任务和事件，未考虑其相对重要性。罗列所有项目，但没有指明特定顺序或轻重缓急	2
	理解基本关系：将问题分解为简单关联的若干部分，认识到简单直接的因果关系。可以进行是非分明的选择，识别事情正反两方面的因果关系	3
	理解多重关系：将问题或事物分解成相互关联的若干部分。建立多重因果关系：识别造成某种问题或现象的若干可能的原因，认识到某种行动或决定可能引发的多种后果，并识别事件之间的复杂因果链	4

（续表）

考核项目	评价标准	计分（分）
分析判断能力	制订复杂计划或进行综合分析：运用若干种演绎思维的方法把复杂的问题分解成各个部分进行分析判断，明确各部分之间的因果关系。能深入地分析问题。能制订复杂的计划或分析问题，运用多种分析技能对多种解决方案进行判断和选择，并权衡其相对价值	5
团队合作能力	合作：支持群体的决定并做好自己分内的事，同团队中的其他人保持良好的沟通，及时告知其他成员最新的信息并分享有价值的信息	1
	积极：对团队及其他成员的能力和贡献持积极和尊重的态度，无论是否有他人在场，均能用积极的口吻评价团队成员	2
	虚心求教：尊重他人，愿意向他人学习并能真诚地征求他人的意见和建议	3
	鼓励同伴：公开赞扬取得好成绩的团队成员，让团队其他成员有自信并体会到自己在团队中的重要性	4
	增强团队凝聚力：不受个人好恶影响，采取多种行动保持良好的工作关系并增强团队凝聚力，通过鼓励或双赢的解决方法化解团队中的冲突	5
应变能力	反应速度较慢，言语表达一般，回答问题的能力较差	1
	反应速度一般，言语表达尚可，能够回答问题	2
	反应速度较快，能够对问题做出一般性的分析、回答	3
	反应速度迅速，能够对问题做出迅速、简洁、准确的回答	4
	反应速度迅速，能够对问题做出迅速、简洁、准确的回答，能够妥善解决突发事件并镇静处理	5
进取心学习能力	个人进取心较差，对个人发展没有考虑	1
	个人进取心良好，对个人发展有一定的考虑	2
	个人进取心良好，对个人发展有全面的考虑	3
	个人进取心较强，对个人发展有全面和切合实际的考虑，广泛阅读各类书籍，所读书籍与职业生涯发展方向基本相匹配	4
	个人进取心强烈，对个人发展有全面和切合实际的考虑，广泛阅读各类书籍，所读书籍与职业生涯发展方向完全匹配，能够参加一些课余辅导班	5

11.3 校园招聘实施方案

11.3.1 校园招聘海报设计

校园招聘海报设计必须有一定的号召力与感染力，要调动形象、色彩、构图、文字等因素形成强烈的视觉效果；应力求文字简练、设计新颖，还必须与企业的企业文化相融合。

相关人员在设计招聘海报时需考虑这些问题：设计这张海报的目的是什么、目标受众是谁、目标受众的接受方式怎么样、其他同行业的招聘海报怎么样、此海报体现了企业人力资源的什么策略、海报的创新点在哪里、招聘海报怎么样与企业文化相结合。

招聘海报的设计要素如图 11-8 所示。

招聘海报设计完毕后，在校园宣讲会开始前 3~5 天即可开始海报宣传工作。海报的张贴工作可以由学校来安排，企业按片区分责任人来协助、检查。海报要覆盖学校宿舍楼、食堂、图书馆、教学楼、活动中心、自习室等学生集中的地方，以吸引应聘者的注意。

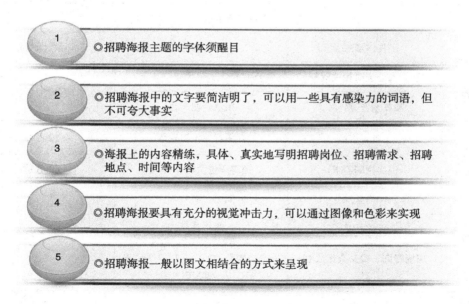

1 ◎招聘海报主题的字体须醒目

2 ◎招聘海报中的文字要简洁明了，可以用一些具有感染力的词语，但不可夸大事实

3 ◎海报上的内容精练，具体、真实地写明招聘岗位、招聘需求、招聘地点、时间等内容

4 ◎招聘海报要具有充分的视觉冲击力，可以通过图像和色彩来实现

5 ◎招聘海报一般以图文相结合的方式来呈现

图 11-8 招聘海报的设计要素

11.3.2 校园招聘宣讲设计

宣讲会不仅是校园招聘取得良好效果的关键，而且是一次展示企业形象和传播企

业文化的机会。招聘人员应提前安排好宣讲会的具体流程，以便校园招聘会高效有序地进行，一场完整的宣讲会应包括如下流程。

（1）提前半小时做好准备工作，用多媒体设备播放企业的宣传片。学生入场时，招聘人员对其发放企业的宣传资料。

（2）主持人准时致欢迎辞，介绍到场的招聘组成员，告知宣讲会的流程和时长。

（3）招聘人员发言（介绍企业概况、招聘岗位和应聘要求、员工文化生活等）。

（4）互动环节（学生现场提问、做游戏等）。

（5）现场收取简历，同时告知网络投递简历的方式，如有必要可现场进行简单的面试。

（6）主持人致谢，宣布结束。

（7）会后清场、整理资料。

表 11-3 是某企业校园招聘会的宣讲方案，供读者参考。

表 11-3　校园招聘宣讲方案

名称	某企业校园招聘宣讲会		主办部门	某企业人力资源部
目的	吸引校园优秀人才，宣传企业文化，在学生群体中树立良好的企业形象，扩大企业的知名度			
活动具体流程				
流程	具体形式	主要内容		预计时间
入场	学生入场领取相关资料	企业简介＋招聘职位需求		20 分钟
	播放企业宣传片	展示企业文化		
宣讲	负责人讲话	介绍行业发展前景		30 分钟
	说明招聘需求	招聘职位及具体要求		40 分钟
报名	中途互动	问答、游戏等		30 分钟
	发放礼品	赠送礼品		
	现场咨询、提交登记表和简历	回答应聘者的问题，接收登记表和简历		
总计	2 小时			

11.3.3　某企业校园招聘实施方案

校园招聘实施方案对校园招聘的工作内容、目标要求、实施的步骤以及领导保证、督促检查等各个环节做出了具体明确的安排，它是招聘工作的行动指南。

企业实施校园招聘前应提前制定招聘实施方案，确定招聘岗位、人数、费用、学校等，表 11-4 是某企业的校园招聘实施方案，供读者参考。

表 11-4 某企业校园招聘实施方案

方案名称	校园招聘实施方案	执行部门	
		监督部门	

一、总则

1. 目的

招聘一批具备专业知识和技术的人才，充实企业专业人才队伍，提高企业员工的综合素质，为今后企业的发展储备一定的人力资源以适应企业长远发展的需要。

2. 标准

创新的思维、务实的作风、优秀的团队合作精神、较强的环境适应能力。

3. 原则

（1）公平、公正、客观。

（2）统一招聘、内部协调。

二、招聘计划的制订

根据企业需要招聘的对象、企业自身的规模、发展阶段等实际情况，制定详细的招聘计划表。

某企业校园招聘计划表

学校	专业	学历	计划招聘人数	时间
××大学	××专业	硕士	10人	__月__日—__月__日
××大学	××专业	本科及以上	5人	__月__日—__月__日
××大学	××专业	本科及以上	10人	__月__日—__月__日
××大学	××专业	本科及以上	15人	__月__日—__月__日

三、招聘实施

1. 招聘的准备

（1）相关资料的准备。介绍企业概况的文件、岗位需求资料、营业执照、相关设备和仪器、宣传工具、面试试题、人员测评工具等。

（2）招聘小组人员的确定。参加此次校园招聘的工作人员由四部分组成：企业高层领导、用人部门的主要负责人、人力资源部经理、具有校友身份的员工。

（3）校园招聘前期的宣传。其主要包括与学校的沟通、企业招聘事宜的宣传这两大项工作。企业招聘事宜的宣传途径主要有在校园网站、企业网站上发布企业的招聘信息或直接派人发放相关的资料等。

2. 招聘的实施

（1）校园宣讲。根据事先安排好的时间、地点，由企业的总经理或相关高级经理在校园招聘会的现场进行演讲，演讲的内容主要包括企业的发展情况、企业文化、薪资福利、用人政策、大学生在企业的发展机会、校园招聘工作的流程、时间安排等内容。

（续表）

（2）双方的沟通与相关资料的收集。求职者根据企业前期的宣传或通过其他方式对企业有初步的了解后，结合企业招聘的要求及自身的情况，向企业的招聘工作负责人提交个人简历及其他相关资料。同时，求职者与招聘工作负责人在现场就招聘的相关事宜进行沟通。

（3）人员筛选。人员筛选主要分为如下五个环节。

①简历筛选

企业收集求职者应聘资料的主要渠道有两种：一是校园招聘会上收集的信息；二是求职者在网上提交的求职资料。

招聘小组通过分析求职者的简历结构、简历中的客观内容、简历中的逻辑性、简历中所体现的价值取向及部分行为特征等，对求职者的简历进行初步的筛选。经过筛选后保留计划招聘人数的____%进入第二轮测试。

②笔试

人力资源部工作人员通知初步合格的人员进行第二轮的测试——笔试。

笔试主要是对求职者进行的专业能力测试和综合素质测试，其时间为____分钟，测试后保留计划招聘人数的____%进入第三轮面试。

③面试

企业的面试分为三个环节：初试、复试、第三轮面试。

对笔试合格的人员进行初试时采用集体面试的方式，时间大约为____~____分钟。其实施程序如下图所示。

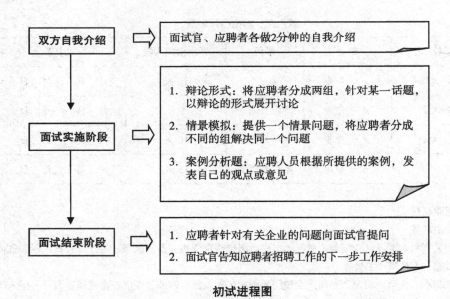

初试进程图

根据应聘者在初试中的表现，经过筛选后保留计划招聘人数的____%进入复试。

复试主要采用结构化面试的方式进行，时间为____分钟左右。面试主要考察应聘者的求职动机、思维的逻辑性、语言表达能力、应变能力、团队合作能力这五个方面。

进入第三轮面试的人员数量大致为计划招聘人数的____%，第三轮面试由人力资源部经理、用人部门经理、企业高层领导这三人组成。

（续表）

四、人员录用

根据应聘者以上五轮的考核表现，确认录用人选并报总经理审核，人力资源部根据经审核的结果及时通知相关应聘人员，并签订《全国普通高等学校毕业生就业协议书》；对未被录用的人员，人力资源部工作人员也应及时、委婉地告知并向他们表示感谢。

五、招聘的后续工作

招聘的后续工作主要包括如下五件事情。

1. 新员工报到：被录用的人员请携带 ×××资料于＿月＿日到企业报到。

2. 引领新员工熟悉工作环境，为其安排工位、发放相关物品等。

3. 招聘工作的总结与评估。

4. 新员工入职培训和上岗培训。

5. 签订劳动合同并进行试用期考核。

编制人员		审核人员		批准人员	
编制日期		审核日期		批准日期	

第 12 章

录用：如何办理入职手续

确定被企业录用的员工在接到录用通知后，应携带相关的资料（毕业证、身份证、简历、照片等）准时到企业报到，由人力资源管理人员为其办理入职手续。

12.1 候选人背景调查

为保证应聘者所提交资料的真实性，人力资源管理人员应对候选人所提交的身份证明、学历证书等进行多渠道、多角度的调查。

12.1.1 身份证明查验

在办理新员工入职手续时，企业人力资源部必须要求候选人提供其身份证、工作证明、学历证书、职业资格证书等复印件，以及 1 寸免冠照片、个人档案和社会保险等其他相关材料。

人力资源部接收到候选人的相关证件后应仔细查验，避免出现身份不符或使用虚假证件等情况。另外，人力资源管理人员应提醒员工，如果提交材料中的信息有变更，应及时告知人力资源部。

12.1.2 假文凭的识别

企业在查验候选人的资料时，最担心的就是候选人文凭是虚假的，那么人力资源管理人员如何才能辨别文凭的真假呢？具体方法如图 12-1 所示。

☞ **1. 观察法**

通过与真文凭的对比来识别假文凭。有些假文凭的做工比较低劣，如纸质硬度不够、没有水印、学校公章模糊、钢印不清等都可以用肉眼来识别。

☞ **2. 提问法**

通过对应聘者的学识、常识和能力的提问是鉴别文凭真假的最有效的方法。根据文凭中显示的专业，面试官可以提一些与该专业相关的问题，通过观察应聘者对问题的反应就可以初步判断文凭的真伪。

☞ **3. 核实法**

当面试官通过观察法和提问法都没有办法鉴定文凭的真伪时，可以采用核实法。面试官可以与应聘者获得文凭所在学校的学籍管理部门取得联系，让他们协助调查该文凭的真伪。

☞ **4. 网络查询法**

现在大多数高等院校的学历证书及社会上的职称考试证书等均可在网络上查询，通过输入相关证件、证书的号码即可辨别证件的真伪。

图 12-1　识别假文凭的方法

12.1.3　背景调查时机的把握

企业在做员工背景调查时要把握好时机，最好选择在确定录用人选和拟录用人员上岗前的间隙进行员工背景调查。调查时间过早，会浪费招聘人员的精力；时间过晚，则会引起不必要的用工麻烦。

另外，背景调查应注意以下 3 点。

（1）对应聘者所提交资料的真实性应多渠道、多角度地进行调查，切忌轻信片面之词。

（2）若应聘者还未离职，对应聘者所在企业进行调查时应注意使用恰当的技巧、方式。

（3）调查要有针对性，应明确调查与工作相关的信息，并以书面形式保存记录下来，作为将来录用或辞退员工的依据。

12.1.4　背景调查表的设计示例

人力资源部门应根据新录用员工的不同职位与具体情况设计适合的问题，做好充分的准备后再进行背景调查。表 12-1 是某企业的"背景调查表"，供读者参考。

表 12-1　背景调查表

被调查人		应聘职位		调查时间	
工作经历调查					
调查企业		联系人		联系方式	
您好！我想证实一下贵企业前任员工 ×× 女士 / 先生提供的信息，他（她）正在申请到我企业工作，希望贵企业能配合我们的工作					
1. 他（她）在贵企业的工作时间是从什么时间至什么时间					
2. 他（她）在贵企业担任何种职务？主要工作职责有哪些					
3. 他（她）在工作期间内表现如何					
4. 他（她）在工作期间内与同事和上司关系如何，受到过相关奖惩吗					
5. 他（她）在工作期间的薪水是多少					
6. 他（她）离职的原因是什么					
7. 如果从整体表现上给他（她）打分，10 分为满分，贵企业会给他（她）打几分					
非常感谢您的配合，您还有其他情况要补充吗					
学习经历调查					
调查学校		联系人		联系方式	
您好！我想证实一下贵校毕业生 ×× 女士 / 先生提供的信息，他（她）正在申请到我企业工作，希望您能配合我们的工作					
1. 他（她）在哪一年入学？学习什么专业					
2. 他（她）在学校期间的表现如何？学习成绩如何					
3. 他（她）在学校期间和同学以及老师的关系怎么样					
4. 他（她）担任过何种职务？受到过哪些奖惩					
5. 他（她）最突出的优点是什么					
非常感谢您的配合，您还有其他情况要补充吗					
毕业证核实					
毕业证	□属实□不属实				
调查者：　　　　　　调查时间：__月__日					

12.2 新员工入职体检

为了保证员工的身体健康，以便更好地工作，新员工在正式投入工作之前，需要进行身体健康检查。企业可通知员工在入职时提交医院出具的《体检报告》，或安排员工自行到指定医疗机构进行入职体检。当然，如果企业有条件和规定，人力资源部应根据规定要求统一组织新员工体检。

12.2.1 员工体检机构的选择

如果企业统一组织新员工体检，或安排新员工到指定医院进行入职体检，那么对体检机构的选择就尤为重要，企业应选择合格的体检机构。企业在选择时，需要综合考虑多方面的因素来确定，如图 12-2 所示。

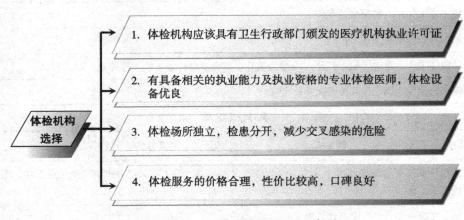

1. 体检机构应该具有卫生行政部门颁发的医疗机构执业许可证
2. 有具备相关的执业能力及执业资格的专业体检医师，体检设备优良
3. 体检场所独立，检患分开，减少交叉感染的危险
4. 体检服务的价格合理，性价比较高，口碑良好

体检机构选择

图 12-2 选择体检机构的考虑因素

12.2.2 员工体检项目的选择

在确定好体检机构之后，具体的体检项目由企业根据体检目的自行确定。企业这么做的意图是通过体检保证入职员工的身体状况适合从事该工作，并保证入职员工不会因其身体原因影响他人。一般来说，入职体检项目包括 7 个方面，如表 12-2 所示。

表 12-2 入职体检的一般项目

体检项目	检测内容
一般检查	身高、体重、血压、肺活量
血常规	对全身健康情况做出分析，可以发现贫血、炎症、止血异常、血液病和肝、脾的病变及临时性感染

（续表）

体检项目	检测内容
肝功能	主要检查谷丙转氨酶和谷草转氨酶这两项
心电图	对心脏功能进行检查，可以检测出心律不齐、心肌缺血等疾病
胸部透视	也就是"X光检查"，主要是对肺部健康状况进行检查
内科检查	医生通过按压、听诊，对心、肝、肺、脾、肾、胆囊进行系统检查
外科检查	医生通过看、触摸，检查皮肤、脊椎等是否有病变

12.3 员工资料存档与信息管理

员工资料存档与信息管理能记录员工个人成长、思想发展的历史，能展现员工家庭情况、专业情况、个人在工作中的情况（岗位变动、薪酬调整、奖惩说明等）等各个方面的内容。总之，员工档案是员工个人信息的储存库，它能起到汇总员工的背景的作用。

12.3.1 入职手续及存档

确定被企业录用的员工在接到录用通知后，应准时到企业报到，并携带身份证、工作证明、学历证书、职业资格证书等复印件，以及1寸或2寸免冠照片、个人档案和社会保险等相关材料办理员工入职手续。主要入职手续如图12-3所示。

在新员工办理完入职手续，与企业签订劳动合同后，企业应将员工的档案转移到企业人事档案管理系统中，按照人事档案管理制度的规定妥善存档保管。

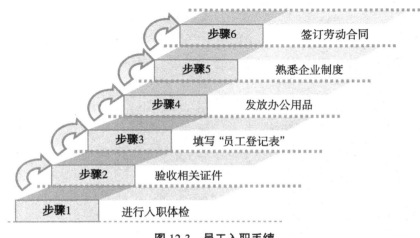

图12-3 员工入职手续

12.3.2　转正手续及存档

　　新员工工作满试用期或实习期时，一般由员工提出转正申请，其直接领导对其进行评估，部门和人力资源部主管对其进行审核。通过考核的员工可转为企业正式员工，由人事专员办理转正手续。

　　人力资源管理人员可以将人事档案按文件的名称和内容进行归类，按拼音或姓氏笔画等进行编号，整理归档，以便于查阅管理。

第 13 章

入职培训：如何进行新员工入职培训与关怀

新员工的入职培训与关怀关系到员工对工作的理解，关系到员工入职的状态，关系到企业和员工的共同发展，所以企业应适时地进行新员工入职培训与关怀，帮助新员工适应工作群体和规范、鼓励新员工形成积极的态度、协助新员工明确自己的角色、减轻新员工的压力和焦虑感、降低员工流动率。

13.1 新员工入职培训职责分工

新员工入职培训是指企业在新员工入职时向其讲解企业的概况、文化、组织架构等，以使员工明确自己的工作的职责、程序、标准，从而帮助他们顺利地适应企业环境和新的工作岗位，使他们尽快进入角色。新员工的入职培训工作与新员工所在的部门紧密相连，只有通过各部门分工协作才能达到预期的培训效果。

13.1.1 人力资源部的职责

人力资源部作为新员工入职培训的主要负责部门，其具体职责如图 13-1 所示。

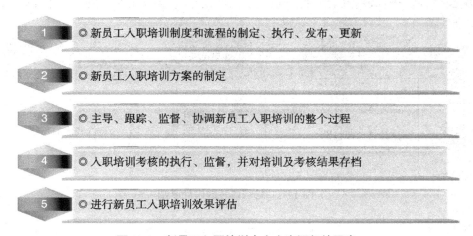

1 ◎新员工入职培训制度和流程的制定、执行、发布、更新

2 ◎新员工入职培训方案的制定

3 ◎主导、跟踪、监督、协调新员工入职培训的整个过程

4 ◎入职培训考核的执行、监督，并对培训及考核结果存档

5 ◎进行新员工入职培训效果评估

图 13-1 新员工入职培训中人力资源部的职责

13.1.2 用人部门的职责

在新员工入职培训工作中，用人部门和人力资源部是相互支持、相互配合的关系，其中用人部门的职责如图 13-2 所示。

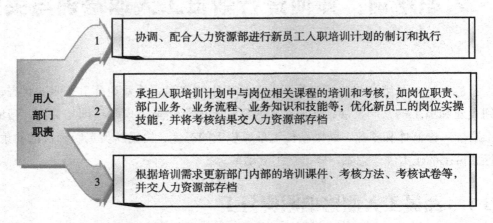

图 13-2 新员工入职培训中用人部门的职责

13.2 新员工入职培训课程的设计

培训课程是直接用于企业培训的课程系统，它既是一种教育活动，又是企业的一种生产活动，它具有经营性、针对性、服务性、实践性、实效性等特征，所以人力资源管理人员在设计培训课程时应遵从一定的原则，同时培训课程也要具备相关的要素才能做到完备。培训课程的设计原则如图 13-3 所示，培训课程的要素如图 13-4 所示。

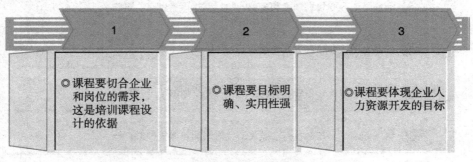

图 13-3 培训课程的设计原则

图13-4 培训课程的要素

13.2.1 新入职员工的基础课程

表13-1列举了针对新入职员工的基础培训课程的内容，仅供参考。

表13-1 新入职员工的基础培训课程

栏目	课程
入职培训	1. 企业概况 2. 企业规章制度 3. 岗位工作职责、工作标准及流程
基本技能	1. 办公文件的管理 2. 各种办公软件的操作
岗位技能	岗位专业技能培训

13.2.2 新入职员工职业化课程

1. 课程目的

职业化是一种工作状态的标准化、规范化、制度化，即在合适的时间、合适的地点，用合适的方式，说合适的话，做合适的事。为使员工在知识、技能、观念、思维、态度、心理上符合职业规范和标准，提高工作效率，提升企业的形象，特开设新员工职业化课程。

2. 课程框架

职业化课程包括4个部分，即职业化技能、职业化形象、职业化心态、职业化道德，其内容如图13-5所示。

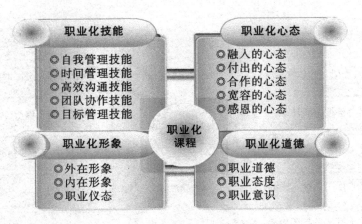

图 13-5　职业化课程的框架

3. 教学方式

职业化课程主要讲述在职场中应注意的相关细节，它首先揭示了作为职场中的一员在一些情景下该怎样做，然后才是在工作中实践，即它是一个理论指导实践，并在实践中总结理论的过程。所以，其教学方式可采用课堂讲述、情景模拟、案例分享等形式。

13.2.3　培训课程 PPT 课件的制作

职场人士在日常工作中经常用到 PPT 软件来办公，如制作培训课件等。图 13-6 对培训课程的 PPT 课件应如何制作，以及应包括哪些内容做出了明确的说明。

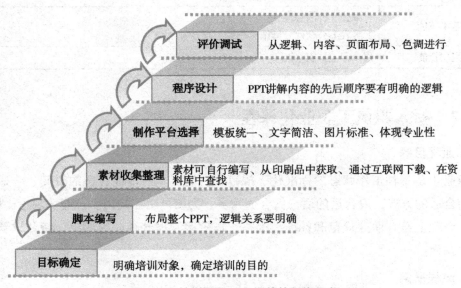

图 13-6　培训课程 PPT 课件的制作程序

13.3 新员工入职引导与关怀

企业是一个鲜活的有机体，它既有由各种硬件构成的"躯体"，又有一套由精神理念软件组成的"灵魂"。所以，企业若想要发展，就必须以人为本，而不能只是把"以人为本"的理念当作口号，应把"以人为本"的理念体现在企业日常管理、运营的方方面面。我们将从新员工入职引导与关怀的几个细节对人性化管理进行阐述。

13.3.1 新员工欢迎信的编写

每位新员工入职之前都会收到一封"新员工欢迎信"，其内容根据企业的性质、新员工的职位类别而定，每个企业发放"新员工欢迎信"的目的是相同的，即欢迎新员工，帮助新员工快速了解企业，图 13-7 是某企业对员工的欢迎信，仅供参考。

致新员工的欢迎信

———：

欢迎您加入××企业，成为企业温馨大家庭的一员！

相聚是我们的缘分。在今后的日子里，我们将共同努力，用我们的智慧与忠诚，不断实现公司的目标。

企业会像关注我们的客户一样，关注每一位员工。员工的需求和个人成长也将是公司关心的问题。公司将视每一位同事为兄弟姐妹，和大家一起解决困难，分享喜悦。公司将会通过一系列的培训、学习帮助员工建立职业生涯发展规划，从各方面提高大家的工作技能和业务水平，努力为大家创造一个既有利于事业发展又有利于个人生活目标实现的环境。

没有规矩，无以成方圆。因此，请大家一定要严格遵守公司的规章制度，它将为您即将开始的工作提供明确的指导，并帮助您更快地融入其中。

在我们这个大家庭里，成员之间的精诚合作是我们的工作准则，多一点感恩、多一份包容、多一点给予、多一些坦诚，您将会收获更多的愉悦和快乐。

祝您在××公司梦想成真！

××公司人力资源部

———年———月———日

图 13-7 新员工欢迎信

13.3.2　工位安排与办公用品发放

在新员工确定入职后和正式报到前，企业就要安排新员工的工位、办公设备和发放必要的办公用品，这项工作需要人力资源部和用人部门配合好，才能提高效率。在一般情况下，人力资源部掌握新员工的报到时间，用人部门负责安排工位、办公设备及办公用品工作，如图 13-8 所示。

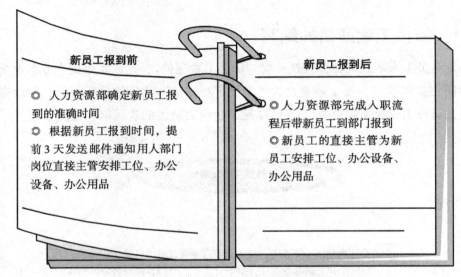

新员工报到前

◎ 人力资源部确定新员工报到的准确时间
◎ 根据新员工报到时间，提前 3 天发送邮件通知用人部门岗位直接主管安排工位、办公设备、办公用品

新员工报到后

◎ 人力资源部完成入职流程后带新员工到部门报到
◎ 新员工的直接主管为新员工安排工位、办公设备、办公用品

图 13-8　工位安排与办公用品发放

13.3.3　新员工欢迎会的组织

新员工欢迎会适用于各种类型的组织，新员工欢迎会的成功举办，需要人力资源部、用人部门的相互配合、相互帮助。表 13-2 是某企业新员工欢迎会方案，供读者参考。

表 13-2　某企业新员工欢迎会方案

方案名称	新员工欢迎会方案	执行部门	
		监督部门	
一、目的 彰显企业"以人为本"的管理理念，体现企业对员工的关怀与关爱，体现企业大家庭的温暖，同时也促进企业与新员工的沟通与交流。 **二、主题** 关怀、关爱、发展 **三、参加活动人员** ×总、×总、×经理、×经理、×经理、×主管、×主管、＿＿＿＿年新员工、部分老员工等			

四、活动时间

_____年____月___日___时—___时

五、活动地点

员工活动室

六、活动形式

茶话会

七、活动项目安排

模块	序号	流程	完成日期	负责人
活动前期	1	拟制方案、发通知	__月__日前完成	×××
	2	确定参加人员	__月__日前完成	×××
	3	采购物品（水果、茶等）	__月__日前完成	×××
	4	布置场地	__月__日	×××
活动期间	5	领导致辞	__月__日	×××
	6	员工代表致辞	__月__日	×××
	7	新员工代表发言	__月__日	×××
	8	新老员工自我介绍、交流	__月__日	×××
	9	领导做会议总结	__月__日	×××
活动后期	10	整理场地	__月__日	×××
	11	做活动总结	__月__日	×××

八、费用预算

项目	明细	数量	单价	金额	备注
舞台设置	音响租赁				
	横幅（画）				
	礼炮、假花、气球				
	其他				
食物	饮料				
	零食				
……	……				
合计					

编制人员		审核人员		批准人员	
编制日期		审核日期		批准日期	

第 14 章

测评与规划：如何进行员工素质测评与职业规划

随着人事理论的发展和现代管理理念系统的形成，作为生产力第一大要素的人排在各大资源之首。现代管理理念中人力资源的管理是企业文化的核心，人力资源管理技术的应用使得企业管理日趋规范、完善，并不断地提升了管理绩效和管理水平。

14.1 员工素质测评概述

员工素质测评又被称作"人员测评""人才测评""人事测评""人才素质测评"等，员工素质测评对组织与员工都有重要的作用。

14.1.1 员工素质测评的基本概念

素质测评，是指测评者采用科学的方法，收集被测评者在主要活动领域中的表征信息，针对某一素质测评指标体系做出对量值或价值的判断过程，或者直接从收集的表征信息中引发与推断某些素质特征的过程。

员工素质测评是指综合利用心理学、管理学、行为科学、测量统计学等学科的理论、方法和技术，并在此基础上形成一套专门的方法体系，对员工的能力水平、个性特点、行为特征和行为动力等素质进行系统的、客观的测量和评价。

14.1.2 员工素质测评的主要类型

根据不同的测评目的和测评需要，测评者可按不同的标准对员工素质测评进行划分。图 14-1 介绍了员工素质测评划分标准及对应的测评类型。

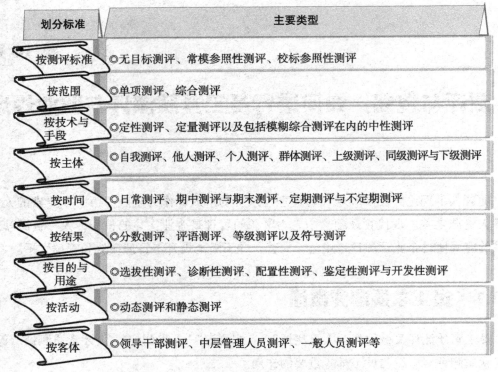

划分标准	主要类型
按测评标准	◎无目标测评、常模参照性测评、校标参照性测评
按范围	◎单项测评、综合测评
按技术与手段	◎定性测评、定量测评以及包括模糊综合测评在内的中性测评
按主体	◎自我测评、他人测评、个人测评、群体测评、上级测评、同级测评与下级测评
按时间	◎日常测评、期中测评与期末测评、定期测评与不定期测评
按结果	◎分数测评、评语测评、等级测评以及符号测评
按目的与用途	◎选拔性测评、诊断性测评、配置性测评、鉴定性测评与开发性测评
按活动	◎动态测评和静态测评
按客体	◎领导干部测评、中层管理人员测评、一般人员测评等

图 14-1 员工素质测评划分标准及主要类型

14.1.3 员工素质测评的主要功用

功用即素质测评的功能与作用。功能是素质测评活动本身固有的一种稳定机制，具有一定的相对独立性，而作用是素质测评活动外在影响的一种具体表现，它会受到各种偶然因素的影响。

功能是作用的内在根据，而环境因素则是作用产生的外在条件。作用是在素质测评活动中，功能与环境因素相结合而产生的实际效用。作用、功能与素质测评活动是一体的。相对素质测评活动来说，功能是潜在的机制，而作用是外在的效应。素质测评的主要功用如下所示。

1. 评定功用

素质测评评定功用的正向发挥，在人力资源管理中主要表现为促进与形成作用、激励和强化作用、导向作用。

2. 诊断反馈功用

诊断反馈功用的正向发挥，主要有咨询、参考、调节与控制的作用。

3. 预测功用

素质测评，尤其是心理素质测评，是在对个体的现在及过去的表现和行为进行全面了解与概括的基础上，判断个体的总体特征和行为倾向的过程，预测功用的正向发挥表现为选拔作用。

14.1.4 员工素质测评的运用原则

人力资源管理人员要正确认识员工素质测评在人力资源管理实践中的作用，运用员工素质测评合理地开发、利用、整合人力资源，员工素质测评运用的原则如图 14-2 所示。

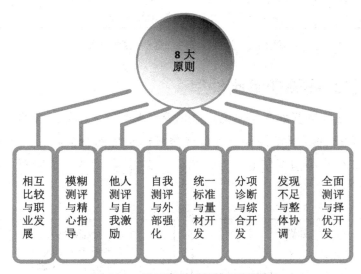

图 14-2 员工素质测评的运用原则

14.2 主要岗位胜任素质模型实例

胜任素质，是指驱动员工创造卓越绩效的一系列综合素质，是员工通过不同的方式表现出来的知识、技能或能力、职业素养、自我认知、特质和动机等素质的集合。

14.2.1 生产经理胜任素质模型

本书依据企业的发展战略和企业文化要求，结合生产经理的主要工作事项及任职资格要求，在参照其他优秀经理的特征的基础上，构建了生产经理胜任素质模型，具体内容如图 14-3 所示。

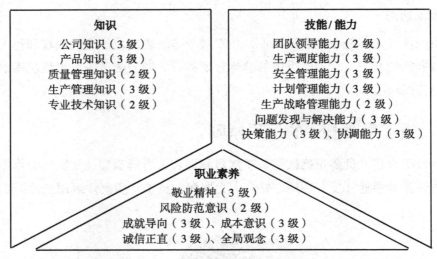

图 14-3 **生产经理胜任素质模型示意图**

14.2.2 销售经理胜任素质模型

本书依据企业的经营理念、文化价值观等要求，结合销售经理的主要工作职责及该职位对任职人员的要求，并参照其他优秀部门经理的行为特征，构建了销售经理胜任素质模型。该模型包括职业素养、知识、技能／能力这 3 个层面，具体内容如图 14-4 所示。

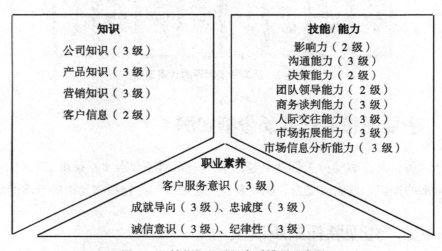

图 14-4 **销售经理胜任素质模型示意图**

14.2.3 采购经理胜任素质模型

本书依据企业的战略发展要求，结合采购经理的主要工作职责及该职位对任职人员的要求，并参照其他优秀部门经理的行为特征，构建了采购经理胜任素质模型，具体内容如图 14-5 所示。

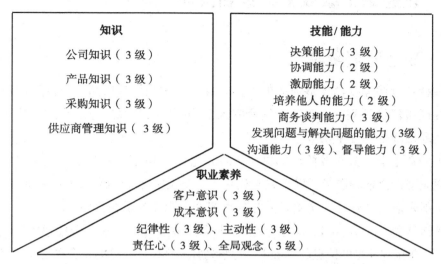

图 14-5 零售采购经理胜任素质模型示意图

14.2.4 研发经理胜任素质模型

本书依据企业的战略发展计划，结合研发经理的主要工作职责及该职位对任职人员的要求，并参照其他优秀部门经理的行为特征，构建了研发经理胜任素质模型。具体内容如图 14-6 所示。

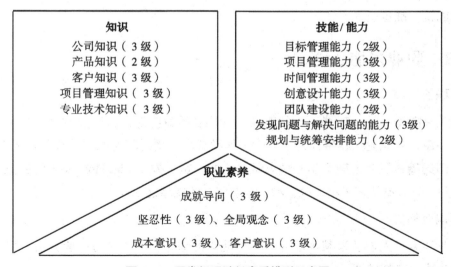

图 14-6 研发经理胜任素质模型示意图

14.3　企业员工职业生涯规划管理

14.3.1　职业发展阶段

有多种划分职业生涯发展阶段的方法，在本节中我们将按照格林豪斯的理论对职业生涯发展阶段进行划分。格林豪斯研究人生不同年龄阶段职业发展的主要任务，并将职业生涯发展分为 5 个阶段。

（1）职业准备。处于此阶段的典型年龄段为 0～18 岁。主要任务是培养职业想象力，对职业进行评估和选择，接受职业教育。一个人在此阶段所做的职业选择，是最初的选择而不是最后的选择，主要目的是建立起个人职业的最初方向。

（2）进入组织。18～25 岁为进入组织阶段。主要任务是在一个理想的组织中获得一份工作，在获取充足的信息的基础上，尽量选择一种适合自己的、令自己比较满意的职业。在这个阶段，个人所获得信息的数量和质量将影响个人的职业选择。

（3）职业生涯初期。处于此阶段的典型年龄段为 25～40 岁。主要任务是学习职业技术，提高工作能力；了解和学习组织纪律和规范，逐步适应职业工作，适应和融入组织；为在未来能够取得成功做好准备。

（4）职业生涯中期。40～45 岁是职业生涯中期阶段。主要任务是对早期职业生涯进行重新评估，强化自己的职业理想，选定职业，努力工作，有所成就。

（5）职业生涯后期。从 55 岁直至退休为职业生涯后期。主要任务是继续取得更多的职业成就，准备引退。

14.3.2　职业兴趣、能力

1. 职业兴趣

职业兴趣是一个人对待工作的态度、对环境的适应能力，以及对从事相关工作的愿望和兴趣，有职业兴趣将提升个人的工作满意度，增强职业稳定性和职业成就感。

美国约翰·霍普金斯大学心理学教授约翰·霍兰德（John Holland）将职业兴趣分为现实型、研究型、艺术型、社会型、企业型、常规型这 6 种类型。

2. 职业能力

职业能力是人们从事某种职业的多种能力的综合。职业能力一般分为一般职业能力、专业能力和特殊能力。

一般职业能力主要是指一般的学习能力、文字和语言运用能力、数学运用能力、空间判断能力、形体知觉能力、颜色分辨能力、手的灵巧度、手眼协调能力等；专业能力主要是指从事某一职业的专业能力。在求职过程中，招聘方最关注的就是求职者是否具备胜任岗位工作的专业能力；特殊能力只在特殊活动领域内发生作用，是从事相关职业时不可或缺的能力，如数学能力、音乐能力、绘画能力、写作能力等。

14.3.3 职业生涯规划原则

为了能够顺利制定职业生涯规划，并保证其作用能够得到充分发挥，企业在制定职业生涯规划时应遵循如下原则。

（1）清晰性原则。考虑目标、措施、实现目标的步骤是否清晰、明确。

（2）挑战性原则。目标或措施是否具有挑战性，还是仅保持其原来状况而已。

（3）变动性原则。目标或措施是否有弹性或缓冲性，是否能根据环境的变化而做出调整。

（4）一致性原则。主要目标与其他目标是否一致，目标与措施是否一致，员工目标与企业发展目标是否一致。

（5）激励性原则。目标是否符合员工的性格、兴趣和特长，是否能对员工产生激励作用。

（6）合作性原则。员工的目标与他人的目标是否具有协调性。

（7）全程性原则。制定职业生涯规划时必须考虑职业生涯发展的整个历程。

14.3.4 职业生涯规划步骤

1. 明确现阶段人力资源发展规划

人力资源发展规划是企业根据自身的战略目标而制定的。企业通过预测未来人力资源的供给和需求状况，制定基本的人力资源策略。

2. 构建企业职业发展通道

在明确了现阶段人力资源的发展规划后，企业应根据人力资源发展规划的需求，考虑现有人力资源的状况，设计适合本企业的职业发展通道。

构建职业发展通道是企业进行职业生涯规划时不可或缺的工作。

3. 制定员工职业生涯管理制度和规范

制定有效、健全、可行的员工职业生涯管理制度和规范，是确保企业顺利达成职业生涯管理目标的必备条件。合理的制度和规范可以正确引导员工的行为，确保优秀人才能够脱颖而出，从而为企业的发展做出积极的贡献。

4. 进行员工基本素质测评

企业进行员工基本素质测评的目的在于掌握员工所具备的能力、个性倾向和职业倾向等信息，以便为职业生涯目标的设立提供参考。

5. 填写员工职业生涯规划表

企业需要根据职业发展通道，参考员工素质测评的结果，同员工一起填写"职业生涯规划表"。

员工的"职业生涯规划表"应体现如下 3 个方面的信息。

（1）选择适宜的职业。职业选择是事业发展的起点，选择得正确与否，直接关系到员工在事业中取得的成就。

（2）选择职业生涯路线。职业生涯路线是一个人选定职业后通过什么途径实现自己的职业目标。例如，是向专业技术方向发展，还是向管理方向发展等。

职业生涯目标可以是多层次、分阶段的，这样既可以使员工保持开放灵活的心态，又可以保持员工队伍的相对稳定性，提高工作效率。

（3）选择职业生涯策略。职业生涯策略是指为实现职业目标所采取的各种行动和措施，如应当参加的培训项目及轮岗训练等。

6. 实施员工职业生涯规划

实施员工职业生涯规划就是通过培训、轮岗、绩效考核等人力资源工作，帮助员工逐步实现员工职业生涯规划表中所列出的规划目标的过程。

7. 进行职业生涯规划反馈和评估

企业在实施员工职业生涯规划的过程中，应及时听取相关员工的反馈意见，并据此进行有效的评估。

8. 修正和完善职业生涯规划制度与规范

企业人力资源部针对职业生涯规划评估过程中发现的问题，提出改进和完善的建议与措施，经企业领导同意后，及时修正职业生涯规划制度与规范。

及时修正和完善职业生涯规划制度与规范，可以纠正最终职业目标与分阶段职业目标的偏差，同时还可以增强员工实现职业目标的信心。

14.3.5　职业生涯规划调查表

了解某员工是否有明确的职业生涯规划及相关知识，可通过职业生涯规划调查完成，职业生涯规划调查内容如表 14-1 所示。

表 14-1 职业生涯规划调查表

姓名：_____ 填表日期：___年___月___日

1.您的个人职业规划是？

2.您觉得若要实现上述职业规划自己欠缺的是什么？需要什么帮助？（如轮岗、培训学习等）

3.为实现个人的职业规划您接下来会怎么做？年度行动计划是什么？

4.您的两年（中期）计划是什么？您的五年（长期）计划是什么？

5.您是如何看待职业规划的：

（1）可以相信（2）不太了解（3）不相信（4）其他

6.您对目前的职业生涯满意吗？

（1）满意（2）一般（3）不满意（4）其他

7.您的职业困惑是什么？

（1）不知道自己适合做什么（2）发展遇到瓶颈（3）工作压力大（4）职业倦怠（5）其他

8.您若是在职业发展过程中遇到困惑一般会通过何种途径解决？

（1）找同事或前辈（2）找朋友（3）找专业咨询师（4）其他

9.您是否了解专业咨询领域？您怎么看待他们的服务？

10.您对专业咨询服务有何建议？

14.3.6　员工职业生涯规划表

企业在制定"员工职业生涯规划表"时要借助科学的工具，"员工职业生涯规划表"如表 14-2 所示。

表 14-2 员工职业生涯规划表

编号：　　　　　　填表人：　　　　　　　　日期：_____年___月___日

姓名		性别		年龄	
岗位名称		所在部门		直接上级	
教育状况	最高学历		毕业时间		
	所学专业		毕业学校		
	涉足领域				
参加过的培训					
具备的技能/能力					

（续表）

工作经历	时间	企业名称	所任岗位	职责描述

请选择对自己最重要的三种需要	□弹性工作时间□成为管理者□薪酬□独立□稳定□休闲 □和家人在一起的时间□挑战□成为专家
请详细介绍自己的专长	
您对目前的工作是否感兴趣，请说明原因	
请说明您希望选择哪条晋升通道	
请详细介绍自己的短期、中期和长期职业规划设想	

第 15 章

培训与发展：如何进行培训与员工发展

15.1 培训需求分析

企业在生产经营过程中，由于企业内外部环境的变化，以及主观、客观等多种因素的影响，不得不面临一系列的新问题，此时培训需求就应运而生了。培训需求分析与信息汇总就是采用科学的方法弄清楚谁最需要培训、培训什么内容、为什么培训、培训数据如何汇总等。

15.1.1 培训需求分析的作用

培训需求分析具有很强的指导性，它是确定培训目标、制订培训计划、有效地开展培训的前提，是进行培训评估的基础，是促使培训工作准确、及时和有效的重要保障。它的具体作用如图 15-1 所示。

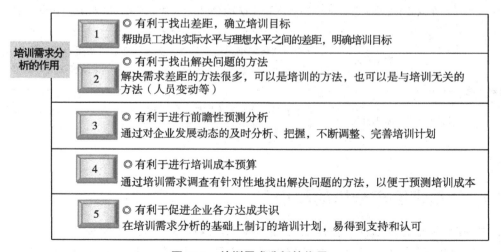

图 15-1　培训需求分析的作用

15.1.2　培训需求分析的内容

　　培训管理人员通过培训需求分析得到的信息是制订培训计划的重要依据。在做培训需求分析时，培训管理人员要结合企业的战略目标、短期发展计划、企业重点培养团队及人员、关键事件及企业内人员普遍需求等方面进行分析，培训需求分析的内容如表15-1所示。

表 15-1　培训需求分析的内容

3 个角度	具体层次	分析内容
层次分析	1. 战略层次分析	企业制订培训计划的重要依据之一。由人力资源部结合企业领导层的密切支持和配合，分析影响企业战略的优先因素作为制订培训计划的依据
	2. 组织层次分析	在组织目标明确的前提下，分析影响组织实现目标的因素，并确定通过培训是否可以解决
	3. 员工个人层次分析	明确个人实际绩效和组织期望绩效之间的差距，并依此制订培训计划，这有助于对后期培训效果做出准确的评估
对象分析	1. 新员工培训需求分析	分析影响新员工胜任工作的因素，有针对性地制订培训计划并拟订方案
	2. 在职员工需求分析	分析影响员工绩效的知识、技能等因素，形成对应的培训项目
阶段分析	1. 目前培训需求分析	分析目前影响组织完成计划、实现目标及正常运行等方面的因素，并确认是否可通过培训解决，如果可以，则采取相应培训措施
	2. 未来培训需求分析	根据组织战略及未来发展可能出现的组织岗位及人员变动分析培训管理人员需要做的前期的准备工作

15.1.3　培训需求分析的流程

　　培训需求分析是培训工作顺利进行的前提，其流程可分4个阶段，即培训前期准备、制订培训需求调查计划、实施培训需求调查计划、分析培训需求调查信息并形成《培训需求调查报告》，各阶段所包含的具体内容如图15-2所示。

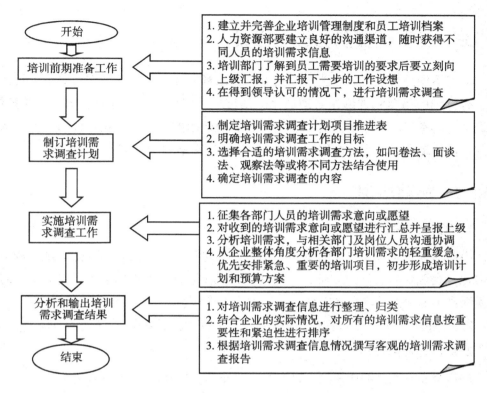

图 15-2　培训需求分析流程图

15.1.4 《培训需求分析报告》的撰写

在完成了员工培训需求调查后，人力资源管理人员就要将培训需求调查分析的结果用文字描述出来，形成正式的书面报告，并将此作为开展培训和培训申请的正式文件。《培训需求分析报告》一般包括 7 个方面的内容，如图 15-3 所示。

图 15-3 《培训需求分析报告》的要点

15.2 员工培训的分类与设计

员工培训是指一些企业为了开展业务及培育人才，采用各种方式对员工进行有目的、有计划的培养和训练的管理活动，其目标是使员工不断地更新知识，开拓技能，改进员工的动机、态度和行为，从而促进企业效率的提高和企业目标的实现。从形式上分，员工培训可分为岗前培训、在岗培训和脱岗培训。

15.2.1 岗前培训

1. 岗前培训概述

岗前培训是指在新员工正式上岗前进行的培训，培训内容涉及企业规章制度、企业文化、企业环境、岗位职责、岗位技术、工作流程、考核标准等。岗前培训的目的是使新员工尽快熟悉环境和工作，尽快进入工作状态。

对新调岗的员工开展和岗位相关的技术、流程、注意事项等方面的培训。

2. 岗前培训的作用

进行全面、充分的岗前培训是非常有必要的，其作用如图 15-4 所示。

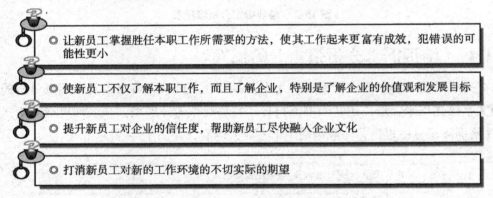

◎ 让新员工掌握胜任本职工作所需要的方法，使其工作起来更富有成效，犯错误的可能性更小

◎ 使新员工不仅了解本职工作，而且了解企业，特别是了解企业的价值观和发展目标

◎ 提升新员工对企业的信任度，帮助新员工尽快融入企业文化

◎ 打消新员工对新的工作环境的不切实际的期望

图 15-4　岗前培训的作用

3. 岗前培训的内容

人力资源管理人员需根据企业的实际需求来设计岗前培训的内容，岗前培训涉及企业层面和部门层面的培训，企业层面的培训由人事部进行一般性的指导，包括介绍组织的概况、各种人事管理及各项规定、就职规定、薪酬制度、工作时数、员工福利、劳资关系、就职合同等。部门层面的培训由新员工的直属上司执行特定性的指导，包括部门职能、新员工的工作职责、工作地点、安全规范、绩效检查标准等。

15.2.2　在岗培训

1. 在岗培训概述

在岗培训又称"在职培训"或"不脱产培训"，它是指为了使员工具备有效完成工作任务所需的知识、技能和态度，在使员工不离开工作岗位的情况下，对其进行培训。

2. 在岗培训的优点

为了提高工作效率，各企业普遍采用在岗培训的方法提升员工的技能水平，其优点如图15-5所示。

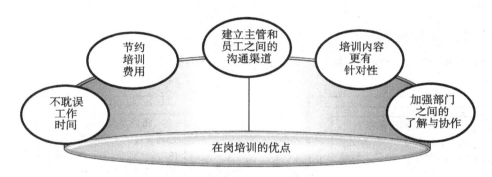

图 15-5　在岗培训的优点

3. 在岗培训的内容和形式

在岗培训大多是和岗位密切相关的内容，如关于工作知识、技能、态度、操作流程、工作标准、注意事项等方面。在岗培训应用方法中较常见的是"师傅带徒弟"和工作轮换。

"师傅带徒弟"是指老员工指导新到岗人员的工作，使经验、技术得到有效传承，培养岗位后备人才。

工作轮换是指有计划地安排人员在不同岗位上进行阶段性的工作和学习，全面了解和掌握各岗位所需的技能。工作轮换要求轮岗人员具有积极主动学习的能力和意愿，同时要求岗位所属部门负责人给予参加培训的人员指导和督促并进行及时沟通。

15.2.3　脱产培训

1. 脱产培训概述

脱产培训（Off the Job Training，OFFJT）又称"脱产教育培训"它是指员工离开工作岗位，由企业内外的专家和教师对企业各类人员进行集中教育培训。

2. 脱产培训的划分

我们可以从不同的角度，将脱产培训划分成不同的种类，如表 15-2 所示。

表 15-2　脱产培训划分标准及种类

划分标准	划分的种类		
按是否和工作有联系划分	1. 全脱产培训	2. 半脱产培训	
按培训地点划分	1. 企业内部培训	2. 外派培训	
按培训讲师来源划分	1. 内部讲师培训	2. 外部讲师培训	
按培训所用时长划分	1. 临时脱产培训	2. 短期脱产培训	3. 长期脱产培训
按培训人员数量划分	1. 团队脱产培训	2. 个别人员脱产培训	

3. 脱产培训的特点

脱产培训有 4 个方面的特点，具体内容如图 15-6 所示。

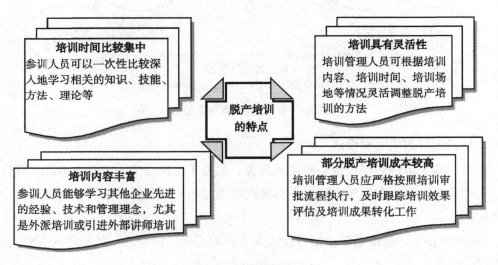

图 15-6　脱产培训的特点

15.3　员工培训方法的选择

培训管理人员要使员工培训方法和培训内容紧密相关，不同的培训内容适用于不同的培训方法。不同的培训方法有不同的特点，在实际工作中，培训管理人员应依据培训目的、培训内容及培训对象，选择适当的培训方法。

15.3.1 课堂培训

课堂培训是指讲师和参训人员在特定的时间、地点，针对某一个或某几个方面进行的培训活动。依据不同的培训内容和培训目的，课堂培训可以被划分成不同的形式，如图 15-7 所示。

形式＼内容	定义	优点	缺点
讲授法	◎讲授法是指讲师按照准备好的讲稿系统向参训人员传授知识的方法。这有利于参训人员对学科知识和理论的了解	◎传授内容多，知识系统全面，有利于培养人才，参训人员也可向讲师请教问题，费用比较低	◎传授内容过多难以消化 ◎缺乏互动 ◎理论与实际脱节 ◎不能满足个性需求
专题讲座	◎专题讲座是针对某一专题知识，它适合管理人员或技术人员了解专业发展动向或热点	◎占用时间少，形式灵活 ◎可随时满足参训人员某一方面的需求 ◎讲授内容专一，有利于使参训人员加深印象	◎讲授知识集中于一点，不够系统全面
研讨法	◎研讨法是指在讲师的指导下，参训人员围绕一个或几个主题进行交流、相互启发的培训形式	◎多向交流信息 ◎参训人员全面参与，有利于使参训人员提升综合能力 ◎有利于使参训人员加深对所学知识的理解	◎对研讨题目、内容的准备要求比较高 ◎对讲师的要求比较高

图 15-7 课堂培训分类对比

15.3.2 现场培训

现场培训是指在不影响工作的情况下，由老员工指导新员工熟悉岗位知识和技能。现场培训可以使新员工学到"手把手"传授的工作经验，有利于帮助新员工将学习到的内容运用到实际工作中，也有利于组织工作流程的顺利开展，现场培训相对于课堂培训更为灵活、及时。现场培训的分类及对比如表 15-3 所示。

表 15-3　现场培训的分类及对比

类别	定义	优点	缺点
工作指导法	又称"教练法""实习法"，是指由有经验的员工或直接主管人员在工作岗位上对受训者进行培训的方法。指导者的任务是教参训人员如何做，提出建议，并激励参训人员	1. 应用广泛，可针对基层岗位也可针对管理人员。让参训人员和现任管理人员一起工作，后者对前者给予指导 2. 在需要时参训人员可顶替岗位	1. 指导者的某些不当的工作方法会影响参训人员 2. 全盘接受别人的工作方法有时会影响新员工的工作创新
工作轮换法	是指让参训人员在预定时期内变换工作岗位，使其获得不同岗位的工作经验的培训方法	1. 丰富参训人员的工作经验，加深其对企业的了解 2. 使参训人员明确自身的优势和不足，找到合适的定位 3. 促进部门间的了解与合作	通才化，适用于直线管理人员，不适用于职能管理人员
个别指导法	类似于"师傅带徒弟"，是指资深的员工指导新员工使后者能够迅速掌握岗位技能	1. 新员工在师傅的指导下展开工作，可以避免盲目摸索 2. 有利于新员工尽快融入团队 3. 可以消除刚毕业的参训人员开始工作时的紧张感 4. 有利于传扬企业传统优良工作作风 5. 新员工可以借鉴资深员工的丰富经验	1. 为防止新员工对自己构成威胁，指导者可能会有意保留自己的经验、技术，从而使指导流于形式 2. 指导者本身水平对新员工的学习效果有极大影响 3. 指导者的不良习惯会影响新员工 4. 不利于新员工的工作创新

15.3.3　线上培训

线上培训，即通过计算机、互联网、电子化手段等数字化方法进行学习活动的方法。其最大的特点是充分利用 IT 技术所提供的全新沟通机制以及资源丰富的学习环境。

1. 主流线上培训方式

线上培训作为一种全新的培训方式，其对大幅降低培训的成本、提高培训的效益发挥着重要作用。

随着互联网时代的到来，基于"互联网＋培训"模式的学习方式也越来越多样化，线上学习逐渐变得移动化、碎片化、个性化和多元化，员工可以随时随地获取自己需要的知识、技能等培训内容，这大大增强了学习的互动性和趣味性。那么，新型培训的方式有哪些呢？

（1）运用 APP 软件开展培训。企业可自行定制培训 APP 或借用第三方 APP 培训机构的资源对员工进行培训。企业利用 APP 开展培训，实施起来方便快捷，培训评估数据随时可取。因此这一培训方式受到广泛应用。

（2）利用社交软件开展培训。随着互联网技术的发展，移动学习已逐渐成为对员工来说重要的学习方式，利用社交软件进行培训也逐渐受到企业的青睐，主要的社交培训软件包括 QQ、微信等。

（3）利用网络直播平台开展培训。网络直播平台的视频主要分为直播和现有视频，无论是哪一种，与传统培训相比，其内容都较为生动、灵活，可以供学员进行反复学习。

（4）利用课件学习的方法进行培训。学员可在家里通过在网上下载相关的课件（如 PPT、文档、视频等）进行学习，此种方式适用于理论性较强的知识的培训。

（5）利用社区平台进行学习。学员可以通过进入学习网站搭建的学习社区进行学习，并且可以在学习社区上与其他学习者共同探讨。这种方法优化了学习氛围，可提升学员思维的活跃度。

2. 线上培训工作的评估

线上培训是组织培训的一种形式，培训工作最忌没有评估，线上培训也是如此。对线上培训的考核和评估可以从 5 个方面进行，如图 15-8 所示。

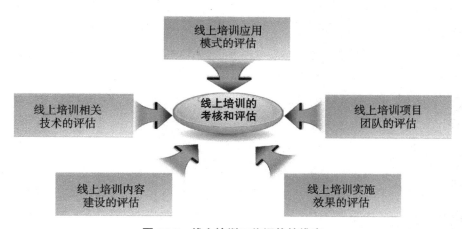

图 15-8　线上培训工作评估的维度

第 16 章

考评方法：如何选择绩效考评的内容与方法

绩效考评是绩效考核和评价的总称，它是指考评者对照工作目标或绩效标准，采用一定的考评方法，评定员工的工作任务完成情况、员工的工作职责履行情况和员工的发展情况，并将这些评定结果反馈给员工的过程。

16.1 绩效考评的内容选择

企业在对员工进行考核时应该从多方面、多角度展开。员工的品德、能力、态度、业绩、个性、适应能力等均可被当作绩效考评的标准。通常情况下，绩效考评的内容大体可以被归纳为能力考评、态度考评和业绩考评这 3 个方面。

根据不同的划分标准，绩效考评可被划分为不同的类型，如表 16-1 所示。

表 16-1 绩效考评的划分标准及类型

划分标准	绩效考评的类型
考评性质	定性考评、定量考评
考评时间	日常考评、定期考评、不定期考评、长期考评
考评内容	工作态度考评、工作能力考评、工作业绩考评等
考评目的	例行考评、晋升考评、转正考评等
考评主体	上级考评、自我考评、同事考评、下级考评、客户考评等
考评形式	口头考评与书面考评、直接考评与间接考评、个人考评与集体考评等

16.1.1 能力考评

能力考评是考评者根据《职位说明书》对岗位的要求、员工在其工作岗位上显现出来的能力做出的测评。

能力考评主要对考评对象的经验、阅历、知识掌握程度、技能熟练程度、判断能力、理解能力、创新能力、改善能力和企划能力等进行考评。

16.1.2　态度考评

态度考评主要考察员工在工作中的责任感、主动性、纪律性等方面，如图 16-1 所示。

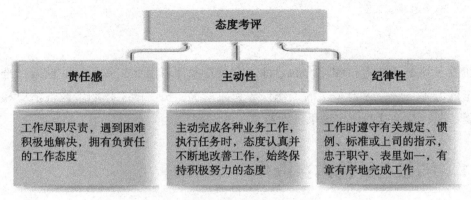

图 16-1　态度考评的要点

16.1.3　业绩考评

业绩考评是指对员工所承担岗位的工作成果进行评估，其构成要素包括工作质量、工作结果、任务完成度等。

其中，工作质量主要是指考评对象完成的工作任务是否都达到了标准。工作结果表现为考评对象在规定时期内的业务处理量或数额是否达到标准，工作的效率是否合理，完成任务时是否以企业的战略方针为准则，依照计划完成业务，进而在保证工作质量的情况下取得丰富的成果。

16.2　绩效考评的方法

一般来说，由于员工绩效具有多因性、多维性和动态性这 3 个方面的基本特征，在设计和选择绩效考评方法时，人力资源管理人员可以根据考评对象的性质和特点，采用不同的绩效考评方法。

16.2.1　目标管理考核法

目标管理考核法，即按一定的指标或评价标准来衡量员工完成既定目标和执行工作的情况，根据结果给予相应的奖励，它是在整个企业实行"目标管理"的制度下，对员工进行考核的方法。

目前，目标管理考核法被广泛应用于企业考核过程中，其一般的操作流程如图16-2所示。

图 16-2　目标管理考核法操作流程图

1. 建立工作目标计划表

对员工工作目标列表的编制工作需要由员工和上级主管共同完成。目标的实现者同时也是目标的制定者，这样有利于企业达成目标。相关人员在建立工作目标列表时遵循的步骤如图16-3所示。

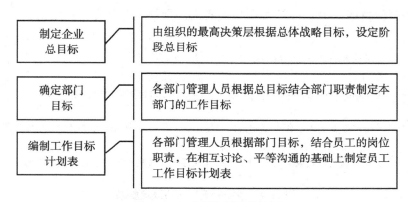

图 16-3　工作目标列表的编制

表16-2为某企业销售部员工工作目标计划表，供读者参考。

表 16-2　某企业销售部员工工作目标计划表

姓名		工作岗位		
单位名称		部门名称		
考核期				
工作概要	根据部门经理确定的销售目标和计划，具体开展产品销售工作，同时做好账款催收及客户服务工作			
工作目标计划				
序号	工作计划内容	工作目标		备注
1	具体执行产品销售工作	销售额不低于 ×× 万元		
2	根据与客户达成的协议，按时催收账款	账款回收及时率达到 ×× %		

（续表）

序号	工作计划内容	工作目标	备注
3	根据企业要求，做好客户服务工作	客户投诉次数少于××次	
4	及时、准确填写各类销售记录、报表	各类销售记录、报表填制及时率达到100%	
5			
6			
被考核者签名		部门负责人签名	

2. 明确业绩衡量标准

一旦确定某项目标被用到绩效考核工作中，人力资源管理人员就必须收集相关的数据，明确如何以该目标衡量业绩，并建立相关的检查和平衡机制。人力资源管理人员在设定业绩衡量标准时，应该遵循相关要求，具体内容如图 16-4 所示。

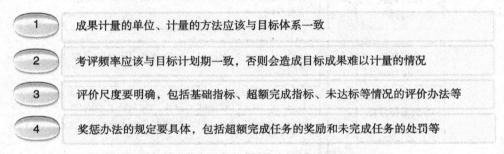

1	成果计量的单位、计量的方法应该与目标体系一致
2	考评频率应该与目标计划期一致，否则会造成目标成果难以计量的情况
3	评价尺度要明确，包括基础指标、超额完成指标、未达标等情况的评价办法等
4	奖惩办法的规定要具体，包括超额完成任务的奖励和未完成任务的处罚等

图 16-4 业绩衡量标准的设定要求

3. 实施业绩评价

在某一阶段的工作结束后，人力资源管理人员需要将员工业绩与目标进行比较，从而评价员工业绩，识别培训需求，评价组织战略或提出下一阶段的目标。

4. 检查调整

业绩评价能使员工找出自己在实际工作中取得的业绩与预定目标之间的差距，接着员工就必须分析存在这些差距的原因，并且通过调整自己的工作方法等手段，致力于缩小乃至消除差距，以努力达到自己的目标。

16.2.2　360° 考核法

360° 考核法又称为"全方位考核法"，它是指考核者从与被考核者有工作往来的人员那里获得被考核者的信息，并据此对被考核者进行全方位、多维度的绩效评估的过程。

这些信息的来源包括：来自上级监督者的自上而下的反馈（上级）；来自下属的自下而上的反馈（下属）；来自平级同事的反馈（同事）；来自企业内部的协作部门和供应部门的反馈；来自企业内部和外部的客户的反馈（服务对象）；以及来自本人的反馈，如图16-5所示。

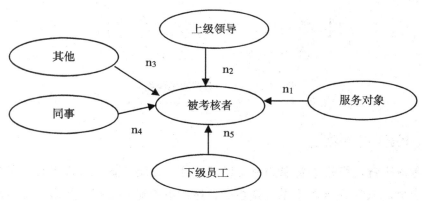

图16-5 360°考核法示意图

注：n1、n2、n3、n4、n5分别代表权重，设置权重的一般原则是：n1＞n2＞n3＞n4＞n5

表16-3指出了企业需要考评的主体，供读者参考。

表16-3 考评主体说明

考评主体	内容说明
上级考评	上级考评的实施者一般为被考评者的直接上级。直接主管领导是绩效考核中最主要的考评者
同级考评	一般为与被考评者在工作上联系较为密切的人，他们对被考评者的工作技能、工作态度及工作绩效比较清楚
下级考评	管理者的下属与管理人员直接接触，前者是管理人员的管理能力、执行能力及领导力的评判者。下级考评可以直接反映出领导者在管理方面的一些问题。此外，下级对上级进行考评还有利于企业民主作风的培养和企业员工凝聚力的提升
自我考评	自我考评是被考评者本人对自己的工作表现进行评价的一种活动，它一方面能帮助员工提升自我意识，使员工更好地认识到自己的优点和缺点，另一方面，员工进行自我考评也是对绩效考核工作的配合和支持
其他	客户考评、供应商考评也是考评的方式。较常见的如客户考评对从事客户服务的人员考评非常重要

360°考核的程序主要可以分为4个阶段，即考核的准备阶段、设计阶段、实施阶段、评估与反馈阶段，各个阶段的具体工作事项如图16-6所示。

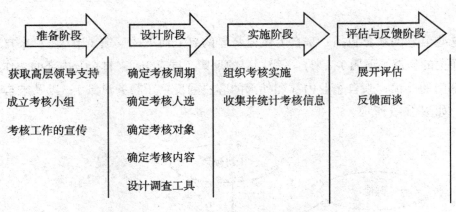

图 16-6　360° 考核实施流程图

16.2.3　KPI 考核法

KPI 考核法就是指根据宏观的战略目标，经过层层分解之后提出具有可操作性的战术目标，并将其转化为若干个考核指标，然后借用这些指标，从多个维度对组织或员工个人的绩效进行考核的一种方法。

关键绩效指标是用来衡量被考核者工作绩效表现的具体量化指标，它能反映最有效地影响企业创造价值的关键驱动因素。

1. 关键绩效指标体系的建立

关键绩效指标体系是考评者对企业宏观目标进行层层分解后，产生的具有可操作性的一系列关键绩效指标。企业关键绩效指标体系的建立通常有 3 种方式，如图 16-7 所示。

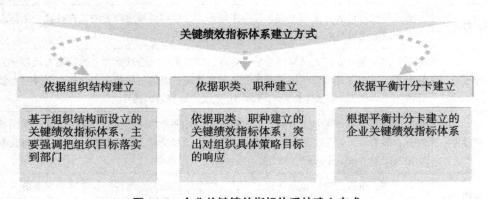

图 16-7　企业关键绩效指标体系的建立方式

2. 关键绩效指标的选择

通常情况下，企业中能够被用于绩效考核的指标很多，其涵盖的范围也比较广，如果企业对全部指标均进行监控和考核，由于指标过多，因此确定和挑选企业重点关注的关键绩效指标就显得尤为重要。企业确定关键绩效指标的常用方法有 3 种，如表 16-4 所示。

表 16-4　确定关键绩效指标的方法

确定方法	方法说明
标杆基准法	企业将自身的关键绩效行为与本行业最强企业的关键绩效行为进行比较，分清这些基准企业的绩效形成原因，并在此基础上确定本企业的关键绩效指标
成功关键法	企业通过寻找企业获得成功的关键要点，并对这些关键要点进行重点监控和层层分解，从而选择和确立企业评估的关键绩效指标
策略目标分解法	企业通过建立财务指标与非财务指标的综合指标体系，对企业的绩效水平进行监控，进而确立企业的关键绩效指标

3. 确定指标所占权重

企业在选定关键绩效指标之后，需确定各指标所占权重。关键绩效考核指标权重的确定方法有经验法、强行排序法和权值因子判断法等，如表 16-5 所示。

表 16-5　确定关键绩效指标权重的方法

确定方法	方法说明
经验法	依据历史数据和专家经验来确定权重的方法，这种方法的决策率高、成本低，容易被人接受，但也存在可靠程度不高等方面的问题
强行排序法	将所有的关键绩效指标按照重要程度进行强行排序，然后根据"20/80 原则"确定每个关键绩效指标的权重，这种方式实际上是经验法的一种延伸
权值因子判断法	由评价人员组成评价的专家组制定和填写权值因子判断表，然后根据各位专家所填写的权值因子判断表来确定关键绩效指标的权重值

4. 关键指标审核要点

企业在制定关键绩效指标和标准后，还应该对关键指标进行审核，以确认这些指标能否全面、客观地反映被考核者的工作绩效。关键绩效指标审核要点主要有 6 点，如图 16-8 所示。

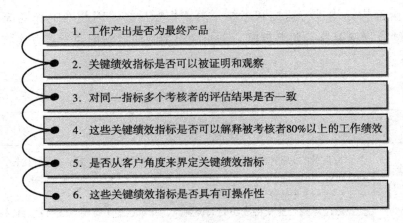

1. 工作产出是否为最终产品

2. 关键绩效指标是否可以被证明和观察

3. 对同一指标多个考核者的评估结果是否一致

4. 这些关键绩效指标是否可以解释被考核者80%以上的工作绩效

5. 是否从客户角度来界定关键绩效指标

6. 这些关键绩效指标是否具有可操作性

图 16-8　关键绩效指标审核要点

5. 关键指标考核法应用范例

关键绩效考核法是绩效考核的常用方法之一，表 16-6 列出了 ×× 企业关键绩效考核法在采购专员考核工作中的应用，供读者参考。

表 16-6　×× 企业关键指标考核法在采购专员考核中的应用

被考核者	采购专员		所属部门	采购部
工作岗位			岗位级别	
考核周期	_____年___月___日～_____年___月___日			

序号	KPI 指标	权重	评分标准	得分
1	采购计划完成率	15%	目标值：____%；每降低____个百分点，减____分	
2	错误采购次数	15%	目标值：0 次；每出现 1 次，减____分	
3	采购物资质量合格率	15%	目标值：____%；每降低____个百分点，减____分	
4	因采购不及时而导致停工断料的损失额	15%	目标值：0；每损失____元，减____分	
5	采购成本降低率	15%	目标值：____%；每高出____个百分点，减____分	
考核得分合计				
直接上级评定：			间接上级评定：	

16.2.4　平衡计分卡考核法

平衡计分卡（Balanced Score Card，BSC）考核法把对企业业绩的评价划分为财务、内部流程、客户及学习与发展这4个方面，它不仅是一个指标评价系统，而且是一个战略管理系统，以及企业执行与监控战略的有效工具。

平衡计分卡考核法的特点是始终把组织战略和愿景放在其变化和管理过程中的核心地位。构建"以战略为核心的开放型闭环组织结构"，使财务、客户、内部流程和学习与成长这4个因素互相关联起来。

平衡计分卡考核法操作流程如图16-9所示。

图16-9 平衡计分卡考核法操作流程

1. 建立企业愿景和战略任务

人力资源管理人员通过调查、采集企业各种相关信息资料，运用SWOT分析、目标市场价值定位分析等方法，对企业内外部环境和现状进行系统、全面的分析，进而确立企业的愿景和战略任务。

2. 就企业的愿景和战略达成共识

人力资源管理人员与企业的所有员工沟通企业的愿景与战略任务，使他们对企业的愿景和战略任务达成共识，并根据企业的战略，从财务、客户、内部运营、学习发展这4个方面设定具体的绩效考核指标。

3. 量化考核指标的确定

人力资源管理人员为4个方面的具体目标找出具体的、可量化的业绩考核指标。

4. 企业内部沟通与培训

人力资源管理人员应加强企业内部沟通，利用各种信息传输的渠道和手段，如刊物、宣传栏、电视、广播、标语、会议等，将企业的愿景规划与战略构想传达给全体工作人员，并把绩效目标以及具体的衡量指标逐级告知各级组织，乃至基层的每一名员工。

5. 绩效目标值的确定

人力资源管理人员需确定每年、每季、每月的业绩衡量指标的具体数额，并使之与企业的计划和预算相匹配，将每年企业员工的浮动薪酬与绩效目标的完成程度挂钩，形成绩效奖惩机制。

6. 绩效考核的实施

为切实保障平衡计分卡的顺利实施，人力资源管理人员应当不断强化各种管理基础工作，如完善人力资源信息系统，加强定岗定编定员定额，促进员工关系和谐，注重员工培训与开发等。

7. 绩效考核指标的调整

考核结束后，人力资源管理人员应及时汇报企业各个部门的绩效考核结果，听取员工的意见，通过评估与反馈分析，对相关考核指标做出调整。

16.2.5 KRA 考核

KRA（Key Result Areas）指关键结果领域，它是企业为实现整体目标而必不可少的、必须取得满意成果的领域，是企业关键成功因素的"聚集地"。

1. 原则

人力资源管理人员在选择关键目标领域时，应该用积极的词，而不应该用消极的词，如图 16-10 所示。

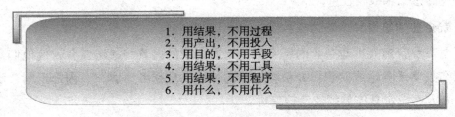

```
1. 用结果，不用过程
2. 用产出，不用投入
3. 用目的，不用手段
4. 用结果，不用工具
5. 用结果，不用程序
6. 用什么，不用什么
```

图 16-10 选择关键目标领域的原则

2. 示例

图 16-11 能帮助我们更清晰地了解什么是关键目标领域。

> 以装修工人的日常工作为例，装修工人的职责是装修房屋。那么什么是他的关键目标领域呢？我们可以从第一个方案中了解：
> 1. 进行测量
> 2. 安装灯具
> 3. 粉刷墙面
> 4. 张贴墙纸
> 5. 订购瓷砖
> 这个装修工人列出了他需要做的工作，但他列出了投入却没有列出产出，用活动代替了结果。这个方案没有办法衡量工作的成果。我们可以看看第二个方案：
> 1. 完成装修的面积
> 2. 完成装修的质量
> 3. 完成装修的时间
> 4. 装修材料的成本
> 5. 人力劳动的成本

图 16-11 关键目标领域编写示例

在第二个方案中，装修工人列出了他的关键目标领域，并且更注重产出以及结果。这个例子说明了投入和产出以及活动和结果之间的区别，这就是我们强调决定关键目标的重点所在。

3. 作用

关键目标领域最具价值的作用是促使管理层把有限的资源，如时间、资金、人力以及工厂和设备等，用于最重要的领域，并通过自己的努力，从这些领域中取得最大的回报。

有了关键目标领域，管理者可以避免陷入"烦琐"或"杂乱"的圈子，而不会终日忙碌而没有目标。

16.2.6　个人业务承诺考核法

个人业务承诺考核法是指在全企业范围内通过自上而下的方式使每一位员工都十分清楚部门的工作目标的方式，以实现组织绩效和个人绩效的有机结合。

我们可以从图 16-12 中了解个人业务承诺考核法的内涵。

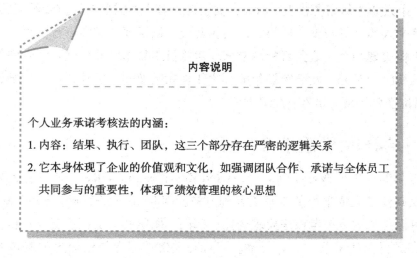

内容说明

个人业务承诺考核法的内涵：
1. 内容：结果、执行、团队，这三个部分存在严密的逻辑关系
2. 它本身体现了企业的价值观和文化，如强调团队合作、承诺与全体员工共同参与的重要性，体现了绩效管理的核心思想

图 16-12　个人业务承诺考核法的内涵

个人业务承诺考核法的本质是一种围绕业务进行的考核管理工具。该工具并没有统一的格式，表 16-7 是一则范例，仅供参考。

表 16-7　个人业务承诺考核表

姓名		部门		职位	
编号	参与的团队工作	执行的程度（%）	投入的时间	扮演的角色	绩效评价
部门总的目标 KPI					
计划栏及个人承诺	在此评估栏内，我郑重承诺：				
	执行目标和结果承诺				
	结果				
	执行措施承诺				
	结果				
	执行合作承诺				
	结果				

制定"个人业务承诺考核表"时，人力资源管理人员需要与其直线经理共同商讨，这样可以使个人的计划与整个部门的计划相融合，以保证其切实可行。直线经理会根据员工的工作表现和个人业务目标达成情况对该员工做出绩效评估。绩效评估结果也将与员工的薪酬、晋升、发展密切相关，这体现在绩效奖金发放、员工薪酬调整、员工晋升 / 岗位变更、员工培养发展等方面。

16.2.7　目标与关键成果考核法

目标与关键成果考核法（Objectives and Key Results，OKR）是一套定义和跟踪重点目标及其任务完成情况的管理工具和方法。Objectives 是目标，Key Results 是关键成果。目标与关键成果考核法要求企业、部门、团队和员工不但要设定目标，而且要明确为完成目标而采取的具体行动。目标与关键成果考核法设定的基本要求如图 16-13 所示。

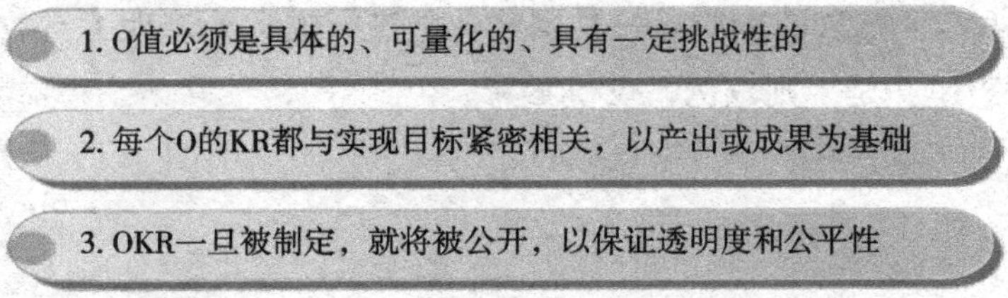

1. O值必须是具体的、可量化的、具有一定挑战性的

2. 每个O的KR都与实现目标紧密相关，以产出或成果为基础

3. OKR一旦被制定，就将被公开，以保证透明度和公平性

图 16-13　目标与关键成果考核法设定的基本要求

接下来，让我们来看一个研发负责人提出并负责的目标与关键成果考核法的例子，如图 16-14 所示。

示例

O：增强产品的稳定性，使可用性达到99.99%
KR1：代码覆盖率达到100%
KR2：测试流程专业化，用例覆盖率100%，用例通过率100%
KR3：产品运行起来可靠，宕机次数不超过1次

图 16-14　设定目标与关键成果考核法的示例

目标与关键成果考核法的主要目的是更有效率地完成目标任务，并且依据项目进展来进行考核。它的主要流程如图 16-15 所示。

1. 设定目标。设定的目标必是具体的、可衡量的，具体到时间段、数量、金额等，此外，设定的目标必须具有一定的挑战性
2. 对关键性结果进行可量化的定义，并且明确达成目标的/未达成目标的措施
3. 共同努力达成目标
4. 根据项目进展进行评估

图 16-15　目标与关键成果考核法的实施流程

16.3　员工绩效考评的流程设计

员工绩效考评的流程设计，一般包括 4 个阶段，即准备阶段、考评阶段、总结阶段和应用开发阶段。

16.3.1　准备阶段

（1）明确绩效管理的对象，以及各个管理层次的关系。正确回答"谁来考评、考评谁"，并对考评人员进行培训。

从企业的情况来看，绩效管理会涉及如下 5 类人员。

①考评者：涉及各层级管理人员、人力资源部人员

②被考评者：涉及全体员工

③被考评者的同事：涉及全体员工

④被考评者的下级：涉及全体员工

⑤企业外部人员：客户、供应商等与企业有关联的外部人员

（2）根据绩效考评的对象，正确选择考评方法。

企业在选择具体的绩效考评方法时，应该充分考虑如下 3 个方面的因素。

①管理成本，主要包括开发考评方法的成本、执行方法前的预付成本、实施应用成本以及在管理成本以外还存在的隐形成本

②企业所设计的考评方法必须切实可用，便于贯彻实施

③工作适用，考评方法的适用性是指考评方法、工具和岗位人员的工作性质之间的对应性和一致性

企业在设计考评方法时要遵循 4 个基本原则，如图 16-16 所示。

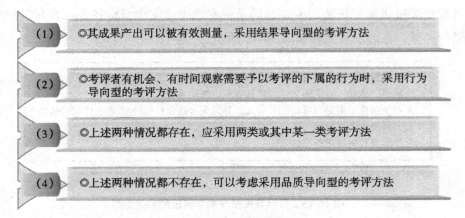

图 16-16　设计考评方法时应遵循的原则

16.3.2　考评阶段

考评阶段是绩效管理的重心，它不仅关系到整体绩效管理系统运作的质量和效果，而且将涉及员工当前的和长远的利益。人力资源部门和所有参与考评的主管需要高度重视此阶段，并注意从 5 个方面做好考评工作，如表 16-8 所示。

表 16-8　考评阶段应注意的 5 个方面

5 个方面	具体内容
考评的准确性	1. 正确的绩效考评结果有利于加强人事决策的科学性，能有效地激励员工、鼓舞员工士气 2. 不准确的绩效评分，不但会造成错误决策，严重挫伤员工的积极性，还会引起员工大量流失，给企业正常的生产活动带来极为不利的影响

（续表）

5个方面	具体内容
考评的公正性	1. 为保证绩效考评的公正性，人力资源部应建立两个保障系统（企业员工绩效评审系统、企业员工申诉系统） 2. 缺乏公正、公平性的考评会使员工产生不良情绪，会对绩效管理活动产生严重的干扰
考评结果的反馈方式	人力资源部应采用灵活多变、因人而异的信息回馈方式，选择有理、有利、有节的面谈策略，准确地向考评者传达其在工作中的优点和缺点，使被考评者能及时地调整方向，改进并完善自己的工作方法
对考评使用表进行再检验	对"考评使用表"进行再检验主要包括考评指标相关性检验、考评标准准确性检验、考评表格的复杂程度检验
对考评方法进行审核	采用兼顾成本、适用性、实用性的方法对考评方法进行审核

16.3.3 总结阶段

总结阶段是绩效管理的一个重要阶段。在这一阶段，各个管理的单元即主管和下级之间需要完成绩效考评的总结工作，各个部门乃至全企业应当根据各自的职责范围和要求，对绩效管理的各项活动进行深入全面的总结，完成绩效考评的总结工作，同时做好下一个循环的绩效管理准备工作。总结阶段要完成的具体工作内容如图16-17所示。

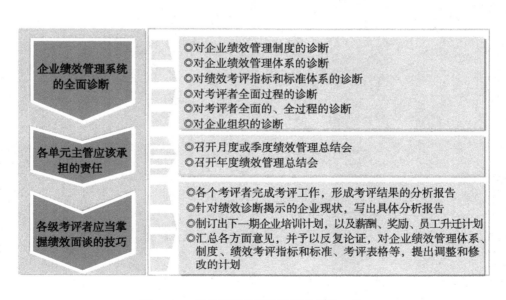

图16-17 绩效考评总结阶段要完成的工作

16.3.4　应用开发阶段

应用开发阶段是绩效管理的终点，又是一个新的绩效管理循环的开始，在这个阶段企业应重视 4 个方面的开发工作，以推动绩效管理工作顺利开展，如图 16-18 所示。

1　重视考评者绩效管理能力开发

◎ 人力资源部应定期组织专题培训或研讨会议，不断增强各级主管对绩效管理的意识和管理技能

2　被考评者的绩效开发

◎ 考评者运用绩效管理工具对下属的工作和绩效进行考评，激励员工不断增强个人的各种能力和才干

3　绩效管理的系统开发

◎ 企业对绩效管理体系做出必要的修改、调整，进行深层开发，使绩效管理在企业的经营管理活动中发挥更大的作用

4　企业的绩效开发

◎ 企业的各个部门应当根据本期绩效考评的结果和绩效改进计划，从本部门全局出发，针对现存的各种问题，分清主次，按照重要程度逐一解决

图 16-18　应用开发阶段 4 个方面的开发工作

第 17 章

量化指标：如何设计量化的考核指标体系

17.1 量化考核指标的设计

17.1.1 量化考核指标的特点

量化考核指标是指已准确地衡量了绩效数量、绩效标准及绩效目标的指标。量化考核指标应具备如下 3 个特点。

（1）可测量，即指标数据或信息是可以获取到的、可以查证的、符合经济要求的。

（2）方便操作，即便于工作人员在实际工作中直接得到相关数据。

（3）可实现，即可通过努力实现。

17.1.2 量化考核指标的设计

1. 绩效分析

绩效分析的目的在于确定和测量期望绩效与当前绩效之间的差距。比较常见的绩效分析方法主要是产品分析法、经济分析法、时间分析法、事故分析法。

2. 设定指标

为保证绩效考核遵循正确的战略导向，量化考核指标的设计应分清评价层次，抓住关键绩效考核指标。

3. 指标赋值

赋值是指按照一定的标准，根据指标之间的差异，给每个考核指标赋予一定的分值。常用的赋值方法主要是加减赋值法、相对赋值法、二次赋值法、统计赋值法。

4. 权重设计

权重是绩效考核指标在整个考核评估体系中的相对重要程度或绩效考核指标在总分中所占的比重，是每个绩效指标在整个指标体系中的重要性的体现。确定绩效指标权重的方法主要包括德尔菲法、比较加权法、对偶加权法、回归分析法、ABC 分析法这 5 种方法。

17.1.3　量化考核指标的动态平衡

量化考核指标的动态平衡主要是指量化考核指标的设定不是固定不变的，它是随着季度、年度、淡旺季的不同发生变化的。因此企业在设计量化考核指标时应考虑它的动态平衡性，实现对企业绩效的全面、客观、准确衡量。

17.2　定性指标转化为量化指标的方法

17.2.1　数字量化法

量化考核通常也被称为"数字化考核"，考核指标量化是指考核指标可以衡量。企业可根据自身的特点设计合理的数字化考核体系，实现员工绩效的动态监管和可视化管理。考核指标数字量化方法如图 17-1 所示。

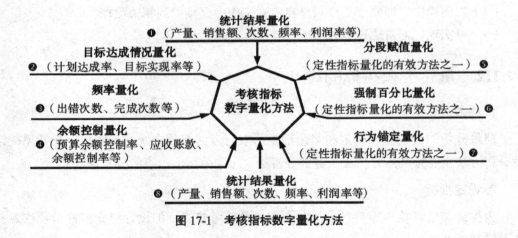

图 17-1　考核指标数字量化方法

17.2.2　质量量化法

质量量化法主要被用来衡量企业的各项任务成果及工作实施过程的精确性、优越性和创造性。质量量化中的考核指标包括准确度、满意度、通过率、达标率、合格率、创新率、投诉率等。

17.2.3　成本量化法

成本量化法即从成本的角度，细化量化考核工作，落实成本管理责任。这有助于加强企业的成本管理，增强全员成本管理责任意识。企业可根据责任成本控制网络体系，构建所有责任单位/人员的考核指标，如成本节约率、投资回报率、折旧率、费用控制率、预算控制率等。

一般情况下，企业可将细化量化责任成本分为采购成本、生产成本、仓储成本、管理成本、财务成本、销售成本这6个单元，进而将各个单元业务分工细分量化成若干明细项目，并针对各个项目建立不同层级的考核指标体系。

17.2.4　结果量化法

结果量化法是指通过分析某考核指标的目的，了解实现此考核指标最终期望的结果，得到结果表现的细分量化考核指标，从而使该考核指标能够被量化。

17.2.5　行动量化法

行动量化法是指从分析某项结果出发，明确需采取的行动，并对各项需采取的行动设定考核指标的一种方法。

17.3　关键业绩指标量化设计

17.3.1　关键业绩指标的内涵

关键业绩指标（Key Performance Indication，KPI），是指对企业宏观战略目标决策经过层层分解而得出的可操作性战术目标，是宏观战略决策执行效果的监测指针。

KPI的理论基础是20/80原理，它是由意大利经济学家帕累托提出的一个经济学原理，即一个企业在创造价值的过程中，每个部门和每一位员工的80%的工作任务是依靠20%的关键行为完成的，抓住20%的关键，就抓住了主体。

我们可以从如下4个方面理解关键绩效指标。

（1）KPI取决于企业的战略目标，它是对企业战略目标的进一步细化和发展，并随着企业战略目标的发展演变而有所调整。

（2）KPI是对绩效构成中可控部分的衡量。

（3）KPI是对重点经营活动的衡量，而不是对所有操作过程的反映。

（4）KPI是上下级达成的一致意见的体现，是企业中相关人员对职位工作绩效要求的共同认识。

最常见的关键业绩指标有三种：一是效益类指标，如资产盈利效率、盈利水平等；二是营运类指标，如对部门管理费用的控制、市场份额等；三是组织类指标，如满意度水平、服务效率等。

实际上，关键绩效指标不仅特指绩效考核体系中那些居于核心地位、能够制约影响其他变量的考评指标，而且也代表了绩效管理实践中所派生出来的一种新的管理模式和管理方法。

17.3.2　设定关键业绩指标的目的

关键业绩指标量化法的核心是从众多的绩效考核指标体系中提取重要性和关键性指标，它不但是衡量企业战略实施效果的关键指标，也是一种新型的激励约束机制，它能将企业战略目标转化为组织内部全员、全面和全过程的动态活动，不断增强企业的核心竞争力。KPI 不仅是一种检测的手段，并且是实施企业战略规划的重要工具。

企业应将考核工作的主要精力放在测量关键的结果和关键的过程上。绩效考核工作一定要围绕关键业绩指标展开，设定关键业绩指标的重点是将工作指标有效量化。企业设定关键业绩指标是为了达到一定的目的，如图 17-2 所示。

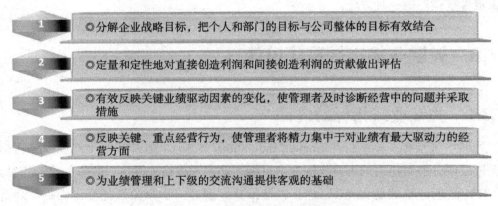

1　◎分解企业战略目标，把个人和部门的目标与公司整体的目标有效结合

2　◎定量和定性地对直接创造利润和间接创造利润的贡献做出评估

3　◎有效反映关键业绩驱动因素的变化，使管理者及时诊断经营中的问题并采取措施

4　◎反映关键、重点经营行为，使管理者将精力集中于对业绩有最大驱动力的经营方面

5　◎为业绩管理和上下级的交流沟通提供客观的基础

图 17-2　设定关键业绩指标的目的

17.3.3　关键业绩指标量化的原则

关键业绩指标指明了各项工作内容应产生的结果或应达到的标准，关键业绩指标的量化有一个很重要的原则，即 SMART 原则，具体内容如图 17-3 所示。

Specific：明确的、具体的

◎ S指绩效指标要切中特定的工作目标，应该适度细化，并且随情景变化而发生变化

Measurable：可度量的

◎ M指绩效指标是数量化的或行为化的，同时需验证这些绩效指标的数据或信息是可获得的

Attainable：可实现的

◎A指绩效指标在付出努力的情况下可以实现，主要是为了避免设立过高或过低的目标，从而失去设立该考核指标的意义

Realistic：现实的

◎R指绩效指标是实实在在的、可以被证明和观察的

Time-bound：有时限的

◎ T指在绩效指标中应设定完成这些绩效指标的具体时间期限

图 17-3　关键业绩指标量化的原则

17.3.4　管理人员 KPI 量化法

管理人员主要从事规划、策划、决策等工作。因此管理人员使用 KPI 量化法的具体方法如下所示。

1. 分段赋值量化法

分段赋值量化法是指将不同程度水平的任务达成情况或工作表现情况进行区间赋值，通过对应区间直接找出考核结果分值的一种计量方法。

2. 强制百分比量化法

强制百分比量化法是指在优劣比例确定的情况下将完成的任务按照不同的情况强制排名次的一种方法。

3. 行为锚定量化法

行为锚定量化法是指将完成的任务按照不同的行为定义不同的水平刻度的一种计量方法，将定性的事情通过行为刻度对结果进行赋值，直观反映部门 / 员工间的行为差距，在比较中得出学习标杆。

4. 结果量化法

结果量化法是指通过分析制定某考核指标的目的，得到结果表现的细分量化考核指标，从而使该考核指标能够被量化。

17.3.5　销售人员 KPI 量化法

量化考核指标可分为增长指标、利润指标、销售费用控制指标等。企业在针对销售人员进行 KPI 量化设计时需符合该企业的实际情况，针对不同部门或人员，结合营销目标设计不同的考核指标，促进目标任务的实现。销售人员 KPI 量化设计的具体内容如表 17-1 所示。

表 17-1　销售人员 KPI 量化设计

常见的 KPI 考核指标	量化考核指标	采用的 KPI 量化方法
销售业绩	销售增长率、销售额、销售任务完成率	目标达成量化法 时间量化法
销售回款	回款率、回款额、回款任务完成率、回款额增长率、呆坏账率、呆坏账损失金额	
销售费用控制	销售费用节约率、费用预算达成率、浪费损失金额	成本量化法、行动量化法 结果量化法、余额量化法

17.3.6　技术人员 KPI 量化法

针对技术人员的业绩考核具有结果难以衡量和监控的特点，技术人员 KPI 量化设计的具体内容如表 17-2 所示。

表 17-2　技术人员 KPI 量化设计

考核内容	量化考核指标	KPI 量化方法
技术质量	技术故障率、重大技术失误次数、技术方案差错率	质量量化法、数字量化法
技术成果	专利申请数量、专利授权数量	数字量化法、结果量化法
工艺技术管理	工艺参数正确率、工艺事故次数、图纸绘制完成率	行动量化法
成本费用管理	技术改造费用、技术改造经费比、技术改造费用超支率	成本量化法

17.3.7　研发人员 KPI 量化法

考虑到研发项目的工作一般情况下耗时较长、收益期较长，对研发人员进行考核时，企业应主要从研发质量、研发成果、研发成本这 3 个方面设定考核指标。研发人员 KPI 量化设计的具体内容如表 17-3 所示。

表 17-3　研发人员 KPI 量化设计

考核内容	量化考核指标	KPI 量化方法
研发质量	研发验收一次通过率、测试缺陷数、返工次数	数字量化法

（续表）

考核内容	量化考核指标	KPI 量化方法
研发成果	研发成果达成率、专利拥有数	数字量化法、结果量化法
研发成本	研发费用超支率	成本量化法

17.4　部门量化考核指标设计示例

部门量化考核指标设计是企业根据各部门工作的特点和相关业务要求进行的，科学、合理的部门量化考核指标设计将对企业开展绩效考核工作起到关键性的作用。接下来，我们将分别以生产部、采购部、销售部的量化考核指标设计为例进行介绍。

17.4.1　生产部量化绩效考核指标

"生产部量化考核指标量表"如表 17-4 所示。

表 17-4　生产部量化考核指标量表

序号	考核指标	考核指标细化	权重	分值	得分
1	生产总量	—	15%	15	
2	生产计划完成率	$\dfrac{\text{实际完成生产任务}}{\text{计划完成生产任务}} \times 100\%$	15%	15	
3	内部利润达成率	$\dfrac{\text{实际完成的内部利润额}}{\text{计划完成的内部利润额}} \times 100\%$	10%	10	
4	劳动生产效率	$\dfrac{\text{产出数量} \times \text{标准工时}}{\text{日工作小时} \times \text{直接人工数量} - \text{损失工时}} \times 100\%$	5%	5	
5	交期达成率	$\dfrac{\text{交期达成批数}}{\text{交货总批数}} \times 100\%$	10%	10	
6	产品质量合格率	$\dfrac{\text{合格产品数量}}{\text{总产品数量}} \times 100\%$	10%	10	
7	生产成本降低率	$\dfrac{\text{上期生产成本} - \text{本期生产成本}}{\text{上期生产成本}} \times 100\%$	10%	10	
8	生产设备完好率	$\dfrac{\text{完好的生产设备台数}}{\text{设备总台数}} \times 100\%$	10%	10	
9	生产设备利用率	$\dfrac{\text{全部设备实际工作时数}}{\text{设备工作总能力（时数）}} \times 100\%$	5%	5	
10	生产安全事故发生的次数	—	10%	10	

17.4.2 采购部量化绩效考核指标

"采购部量化考核指标量表"如表 17-5 所示。

表 17-5 采购部量化考核指标量表

序号	考核指标	考核指标细化	权重	分值	得分
1	采购计划完成率	$\dfrac{考核期内采购总金额（数量）}{同期计划采购金额（数量）} \times 100\%$	15%	15	
2	采购订单按时完成率	$\dfrac{规定时间内完成采购订单数}{应完成采购订单总数} \times 100\%$	15%	15	
3	成本降低目标达成率	$\dfrac{成本实际降低率}{成本目标降低率} \times 100\%$	15%	15	
4	订货差错率	$\dfrac{数量及质量有问题的物资金额}{采购总金额} \times 100\%$	10%	10	
5	采购资金节约率	$1 - \dfrac{实际采购物资资金}{采购物资预算资金} \times 100\%$	15%	15	
6	采购质量合格率	$\dfrac{采购物资的合格数量}{采购物资总量} \times 100\%$	20%	20	
7	供应商履约率	$\dfrac{履约的合同数量}{订立的合同数量} \times 100\%$	10%	10	

17.4.3 销售部量化绩效考核指标

"销售部量化考核指标量表"如表 17-6 所示。

表 17-6 销售部量化考核指标量表

序号	考核指标	考核指标细化	权重	分值	得分
1	销售额	考核期内各项业务销售收入总计 / 销售数量总计	10%	10	
2	销售账款回收率	$\dfrac{实际回收率}{计划回收率} \times 100\%$	5%	5	
3	销售计划完成率	$\dfrac{实际销售额}{计划销售额} \times 100\%$	10%	10	
4	年销售额增长率	$\dfrac{当年销售额 - 上一年度销售额}{上一年度销售额} \times 100\%$	10%	10	
5	销售毛利率	$\dfrac{销售收入 - 销售成本}{销售收入} \times 100\%$	15%	15	

（续表）

序号	考核指标	考核指标细化	权重	分值	得分
6	销售费用节省率	$\dfrac{销售费用预算-实际发生的销售费用}{销售费用预算}\times100\%$	5%	5	
7	坏账率	$\dfrac{坏账损失}{主营业务收入}\times100\%$	5%	5	
8	费用预算达成率	$\dfrac{销售费用}{销售收入}\times100\%$	5%	5	
9	销售成本金额控制	—	5%	5	
10	新增大客户数量	考核期内交易金额在××万元以上的新增客户数量	10%	10	
11	客户保有率	—	5%	5	
12	产品市场占有率	$\dfrac{当前本公司该类产品销售额}{当前该类产品销售额}\times100\%$	5%	5	
13	培训计划完成率	$\dfrac{计划完成的培训项目（次数）}{计划培训的项目（次数）}\times100\%$	5%	5	
14	核心员工流失率	—	5%	5	

17.5　岗位量化考核指标设计示例

岗位量化考核指标是企业根据企业内部各岗位的本职工作和职务要求设计的。我们将以"生产部经理量化考核指标量表""采购部经理量化考核指标量表""销售部经理量化考核指标量表"为例，进行介绍。

17.5.1　生产部经理量化考核指标量表

"生产部经理量化考核指标量表"如表17-7所示。

表17-7　生产部经理量化考核指标量表

序号	量化项目	考核指标	指标说明	权重	得分
1	生产计划完成情况	生产计划完成率	$\dfrac{实际生产量}{计划生产量}\times100\%$	15%	
		交期达成率	$\dfrac{交期达成批数}{交货总批数}\times100\%$	15%	
2	产品质量管理	产品质量合格率	$\dfrac{合格产品数量}{总产品数量}\times100\%$	15%	

（续表）

序号	量化项目	考核指标	指标说明	权重	得分
3	设备管理	设备利用率	$\dfrac{全部设备实际工作时数}{预估设备工作时数} \times 100\%$	10%	
		设备完好率	$\dfrac{完好设备台数}{在用设备总台数} \times 100\%$	10%	
4	成本控制	单位生产成本	—	10%	
		能耗控制率	反映企业节能降耗的情况	10%	
5	生产安全管理	生产安全事故发生率	考核期内生产安全事故发生次数合计	10%	
6	部门员工管理	培训计划完成率	$\dfrac{实际完成的培训项目（次数）}{计划培训的项目（次数）} \times 100\%$	5%	

17.5.2　采购部经理量化考核指标量表

"采购部经理量化考核指标量表"如表 17-8 所示。

表 17-8 采购部经理量化考核指标量表

序号	量化项目	考核指标	指标说明	权重	得分
1	物资采购管理	采购计划完成率	$\dfrac{考核期内采购总金额（数量）}{同期计划采购金额（数量）} \times 100\%$	20%	
		采购及时率	$\dfrac{规定时间内完成采购订单数}{应完成采购订单总数} \times 100\%$	10%	
		采购物资合格率	$\dfrac{采购物资的合格数量}{采购物资总量} \times 100\%$	15%	
		错误采购次数	—	5%	
		采购成本	—	10%	
2	供应商管理	供应商开发计划完成率	$\dfrac{实际开发数量}{计划开发数量} \times 100\%$	10%	
		供应商履约率	$\dfrac{履约的合同数量}{订立的合同数量} \times 100\%$	10%	
		供应商满意度	供应商满意度评价情况	10%	
3	部门员工管理	员工培训计划完成率	$\dfrac{实际完成的培训项目（次数）}{计划培训的项目（次数）} \times 100\%$	10%	

17.5.3　销售部经理量化考核指标量表

"销售部经理量化考核指标量表"如表 17-9 所示。

表 17-9　销售部经理量化考核指标量表

序号	量化项目	考核指标	指标说明	权重	得分
1	销售目标管理	销售额	—	10%	
		销售计划完成率	$\dfrac{\text{实际销售额}}{\text{计划销售额}} \times 100\%$	15%	
		销售增长率	$\dfrac{\text{当期销售额－上期销售额}}{\text{上期销售额}} \times 100\%$	5%	
		销售毛利率	$\dfrac{\text{销售收入－销售成本}}{\text{销售收入}} \times 100\%$	5%	
		新产品市场占有率	$\dfrac{\text{新产品销售额或销售量}}{\text{当前该类产品销售额或销售量}} \times 100\%$	15%	
2	销售费用控制	销售费用节省率	$\dfrac{\text{销售费用预算－实际的销售费用}}{\text{销售费用预算}} \times 100\%$	5%	
3	客户管理	新增大客户数量	考核期内交易金额在 ×× 万元以上的新增客户数量	10%	
		客户保有率	是考核客户关系维护情况的重要内容之一	10%	
4	销售账款管理	销售账款回收率	$\dfrac{\text{实际回收率}}{\text{计划回收率}} \times 100\%$	10%	
		坏账率	—	5%	
5	销售人员管理	培训计划完成率	$\dfrac{\text{计划完成的培训项目（次数）}}{\text{计划培训的项目（次数）}} \times 100\%$	5%	
		部门员工任职资格达标率	$\dfrac{\text{当期任职资格考核达标的员工}}{\text{当期员工总数}} \times 100\%$	5%	

绩效设计：如何进行绩效考核与绩效管理设计

为有效地防止在绩效考评中出现各种失误，企业在进行绩效管理实务设计时应从企业的客观环境和生产经营情况出发，以工作岗位分析为基础，以客观、准确的数据资料和各种历史记录为依据，制定出科学、合理、切实可行的评价要素和评价体系。

18.1 绩效考核计划的设计

绩效考核作为企业人力资源管理的重要内容，主要涉及对员工的态度、能力、业绩这 3 个方面的考核。

企业在设计绩效考核计划时，必须清晰地了解怎样制订绩效考核计划，如何开展绩效考核工作，明确在绩效考核实施过程中需要注意哪些事项。

18.1.1 目标概述

企业在设计绩效考核计划时，首先要指明该计划的目标，并引出该计划的主要目的。图 18-1 是某企业绩效考核工作计划中的目标概述。

目标概述

本企业自 2011 年开始推行绩效考核工作至今，在改善员工绩效方面取得了一定的成绩，同时在具体操作中也有许多地方需要改进和完善。人力资源部将此项工作列为本年度的重要任务之一，其目的就是通过完善绩效评价体系，达到绩效考核应有的效果，达成绩效考核的根本目的。

人力资源部在上一年度推行绩效考核工作的基础上，将着手完善企业本年度绩效评价体系，并使之能够更好地为企业发展服务。

图 18-1　企业绩效考核计划目标概述

18.1.2 具体实施计划

以下是某企业绩效考核实施计划的案例，仅供参考。

（1）____年__月__日前完成对绩效考核制度和配套考核方案的修订，并提交企业总经理审议通过。

（2）自____年__月__日开始，按修订完善后的绩效考核制度在企业全面推行绩效考核工作。

具体内容如图 18-2 所示。

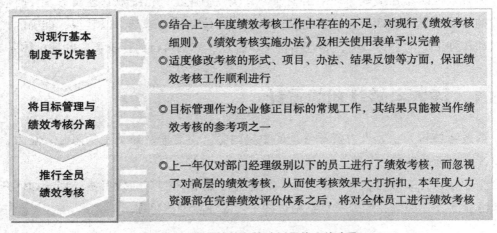

图 18-2 企业绩效考核计划具体实施步骤

（3）本年度绩效考核工作的起止时间为____年__月__日到____年__月__日。人力资源部完成此项工作的标准就是保证绩效评价体系平稳、有效运行。

18.1.3 注意事项

（1）绩效考核工作牵涉企业各部门和员工的切身利益，因此人力资源部需要在保证绩效考核结果能够被科学、合理地利用的基础上，做好与各部门绩效考核相关的宣传与培训工作，正面引导员工用积极的心态对待绩效考核工作，通过绩效考核达到改善工作流程、提高工作绩效的目的。

（2）人力资源部在绩效考核的操作过程中需要听取各部门员工的意见，及时调整和改进工作方法。

（3）绩效考核工作需要不断得到改进和完善，人力资源部在操作过程中需注意纵向与横向的沟通，确保绩效考核工作的顺利进行。

18.1.4 需要支持与配合的事项和部门

企业在设计绩效考核计划时需要有相关部门来支持与配合，如图 18-3 所示。

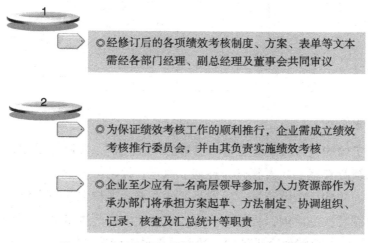

1
◎经修订后的各项绩效考核制度、方案、表单等文本需经各部门经理、副总经理及董事会共同审议

2
◎为保证绩效考核工作的顺利推行，企业需成立绩效考核推行委员会，并由其负责实施绩效考核

◎企业至少应有一名高层领导参加，人力资源部作为承办部门将承担方案起草、方法制定、协调组织、记录、核查及汇总统计等职责

图 18-3 企业在设计绩效考核计划时需要的支持

18.2 绩效管理实施过程的设计

绩效管理除了作为分配薪酬奖金的依据之外，还可以帮助企业实现目标、改善整体运营管理水平、提高员工工作效率。

18.2.1 绩效考核结果的分析

企业需对绩效考核结果进行统计分析，从而为量化考核工作的改进状况、提升员工绩效、改善管理水平等提供依据。

1. 绩效结果统计

考核结束后，一般由企业人力资源部负责完成对考核结果的汇总统计工作。表18-1 为考核结果汇总统计表的示例，仅供参考。

为确保考核结果的汇总统计数据真实、准确，企业相关工作人员在汇总考核结果时应注意以下事项。

（1）考核结果一般按照成绩进行排列，如有特殊情况，需附带说明。

（2）考核结果中的统计单位应保持一致。

（3）应做好汇总数据的审核工作，以避免数据有误。

表 18-1 考核结果汇总统计表

序号	部门	姓名	人员编号	职位	自评得分	直接上级评分	审核人评分	考核得分	考核等级	备注
1										
2										
3										
4										
……										

2. 绩效结果分析

企业对员工的绩效考核是人力资源管理的一种工具，考核的目的并不仅限于得到考核结果。从绩效管理 PDCA 循环（计划、执行、评估与改进）来讲，考核结果的分析是绩效改进的基础。绩效结果分析就是通过对绩效考核文字型或数字型的结果进行研究，挖掘更深层次的原因，提出有价值的综合性绩效改进意见，从而帮助员工从客观角度有针对性地制订绩效改进计划，达到改善员工绩效的目的。

在对绩效结果进行分析时，我们可从横向与纵向的角度进行，如图 18-4 所示。

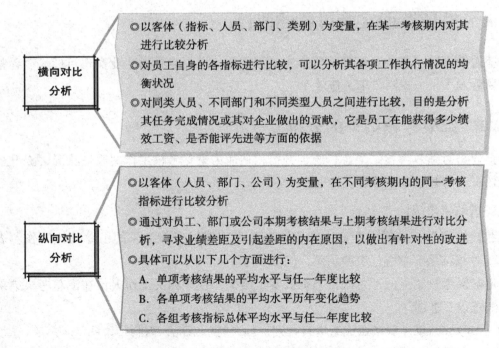

横向对比分析
◎以客体（指标、人员、部门、类别）为变量，在某一考核期内对其进行比较分析
◎对员工自身的各指标进行比较，可以分析其各项工作执行情况的均衡状况
◎对同类人员、不同部门和不同类型人员之间进行比较，目的是分析其任务完成情况或其对企业做出的贡献，它是员工在能获得多少绩效工资、是否能评先进等方面的依据

纵向对比分析
◎以客体（人员、部门、公司）为变量，在不同考核期内的同一考核指标进行比较分析
◎通过对员工、部门或公司本期考核结果与上期考核结果进行对比分析，寻求业绩差距及引起差距的内在原因，以做出有针对性的改进
◎具体可以从以下几个方面进行：
A. 单项考核结果的平均水平与任一年度比较
B. 各单项考核结果的平均水平历年变化趋势
C. 各组考核指标总体平均水平与任一年度比较

图 18-4 绩效结果分析的两大方法

18.2.2　绩效面谈

1. 绩效面谈准备

绩效面谈准备工作主要包括两方面的内容，一方面是面谈人员需要准备的事项，另一方面是考核对象应该准备的事项，如表 18-2 所示。

表 18-2　绩效面谈准备事项说明表

类别	具体事项	具体说明
面谈人员准备事项	确定面谈时间	选择双方都有空闲的时间，尽量不要安排在刚上班或下班的时间，尽量避开整点，确定时间后要征询员工的意见，并要提前一天通知员工
	选择面谈场所	◆ 尽量选择较安静的场所，以避免面谈中途被打断 ◆ 一般不宜定在开放的办公区进行，最好是小型会议室或接待室
	准备面谈材料	面谈材料包括"员工评价表""员工的日常表现记录""员工的定期工作总结"《岗位说明书》、薪金变化情况说明等。如果时间充裕，应整理考核对象在考核期的最大优点和需要改进的不足，以确保面谈具有针对性
	拟定面谈程序	计划好如何开始、如何结束面谈，面谈过程中先谈什么、后谈什么，以及对面谈各阶段时间的具体分配方法
考核对象准备事项	填写自我评价表	考核对象要客观地做好自我评价，以便于与面谈人员做出的评价达成一致，有利于面谈的顺利进行以及个人发展目标的切实制定
	准备个人的发展计划	面谈时，提出个人发展计划，有利于面谈人员有针对性地进行下期工作事项安排，达到双向的统一
	准备想要提出的问题	考核对象可以通过这些问题改变面谈人员对其工作的评价结果和下期绩效计划的制订情况
	安排自己的工作	在面谈人员通知考核对象需要进行绩效面谈时，考核对象就可着手暂时向其他员工交接自己的工作任务，以避免因进行绩效面谈而影响正常的工作

2. 形成面谈记录、结束面谈

（1）面谈记录。面谈记录是指记录面谈人员与考核对象的面谈内容，也是制订绩效改进计划的基础性依据。

在进行面谈记录时，负责记录的人员应重点记录如表 18-3 所示的内容。

表 18-3　面谈记录要点

面谈记录项目	具体说明
考核问题项目	考核期内的主要工作行动、工作进度、工作改进和创新处、取得的主要成就、遇到的主要问题和应急对策
期望未来目标项目	未来考核期的主要目标、具体改进目标、如何提升工作能力及工作业绩、怎样改善工作态度等

（续表）

面谈记录项目	具体说明
职位期望发展目标	在工作中取得的主要成绩，如何运用岗位专业技能、知识和才干取得成绩，对岗位工作的满意度等

（2）结束面谈。结束面谈是绩效面谈工作的最后环节，也是绩效面谈的重要环节。面谈结束得不好，有可能会影响整个面谈的效果。

18.2.3　绩效考核结果的应用

企业通过对绩效考核结果的运用，可以激励员工为达到企业目标而共同努力，同时，对企业内部运作中出现的问题进行指导和纠正，以促使企业在整体上取得进步。

1. 考核结果在薪酬中的应用

影响企业薪酬体系设计的因素有很多，包括企业竞争实力、市场薪资水平、职位晋升、员工的绩效表现等。基于此，为了更好地激励员工，企业在设计员工薪酬结构时，都会将员工的绩效表现与薪酬直接挂钩，并将绩效表现视作其薪酬的重要组成部分。

2. 考核结果与奖金福利中的应用

奖金和福利是薪酬体系的主要组成部分，是企业普遍采用的一种调动员工积极性的激励方法。企业在设计奖金和福利发放方法时，可将员工的绩效结果与企业的效益有机结合，并在此基础上设计激励方法。

3. 考核结果在培训中的应用

员工培训是企业人力资源管理中不可或缺的环节之一。为了优化培训的效果，人力资源管理人员可以通过对员工绩效考核的结果进行分析，找出存在不足的地方，进而设计出有针对性的培训方案，这样能使培训更有成效。

4. 考核结果在岗位调整中的应用

企业通过对员工全方位的考核，可以了解员工取得的业绩、具备的工作能力、发展潜力等方面的内容，并将其当作员工工作岗位调整（职位晋升、降职、轮岗等）的重要参考依据。

18.2.4　绩效改进

绩效考核的结果是确定员工薪酬、奖惩、岗位异动等人事决策的重要依据之一，但考核的目的不仅仅局限于此，员工能力的不断提高以及绩效的持续改进才是其主要目的，而要想实现这一目的就离不开绩效改进工作。

企业在进行绩效改进时，重要的一项工作是制订绩效改进计划。

企业制订绩效改进计划的目的是合理安排绩效改进的具体工作事项，以便于对考核对象的绩效改进状况进行评估。

一套完善的绩效改进计划（如表18-4所示）应至少符合如下3点要求。

1. 具有实际可操作性

即拟订的计划内容必须与员工待改进的绩效工作相关联且是可以实现的。

2. 具有时限性

计划的拟订必须有明确的时限性，而且最好有分阶段执行的时间进度安排。

3. 要获得管理者与员工双方的认同

这个计划应该得到管理者与员工双方的认同，以保证该计划顺利实施。

表 18-4　绩效改进计划表

姓名		所在岗位		所属部门	
直接上级		执行日期	×××× 年 ×× 月 ×× 日— ×××× 年 ×× 月 ×× 日		
一、改进的内容					
待提高的方面		达到的目标	完成日期	直接上级提供的帮助	
二、员工职业生涯发展规划（主要填写职业规划的目标及如何实现其目标）					
三、绩效改进结果评价（改进阶段结束后由员工的直接上级填写）					

第 19 章

薪酬设计：如何设计薪酬体系

19.1 岗位评价

19.1.1 岗位评价概述

岗位评价是指从岗位的劳动环境、劳动强度、工作任务以及所需的资格条件出发，对岗位进行系统评估，进而确定企业内部不同岗位之间的相对价值。

19.1.2 岗位评价方法

岗位评价可以分为定性评价和定量评价。定性评价主要包括序列法、岗位分类法、岗位参照法和配对比较法等，定量评价主要包括点数评分法和海氏三要素法。

接下来，我们将介绍几种比较典型的岗位评估方法。

1. 序列法

序列法（亦称"排列法"）是一种最简单的岗位评定方法。它是由评定人员评定自己的判断，根据岗位的相对价值按高低顺序进行排列的。

2. 分类法

分类法是排列法的"升级版"，它是指通过制定出一套岗位级别标准，然后将每个岗位与标准进行比较，将其归入合适的等级中。岗位分类法应当按照收集岗位资料、进行岗位分类、编写岗位等级说明、划分岗位等级的步骤来进行。

3. 海氏三要素法

海氏三要素法，即将所有职务所包含的最主要的付酬因素分为三种，即技能、解决问题的能力和责任，并按照这三个要素及相应的标准进行评估打分，得出每个岗位的评估分，即岗位评估得分 = 技能得分 + 解决问题的能力得分 + 责任得分。其中技能得分和责任得分及最后得分都是绝对分，而解决问题的能力的评估分是相对分（百分比），只有被调整为最后得分后才是绝对分。

19.1.3 岗位评价指标

岗位评价指标就是企业从目前管理的现状和需要出发，通过对岗位劳动的具体分析，将影响劳动岗位的主要影响因素分解成若干个指标。

1. 选择和定义评价指标

企业选择岗位评价指标时，可以通过对各个岗位工作流程的输入端、业务处理过程、输出端以及工作环境或工作条件等一些关键要素进行取样和分析，从中提炼出一些对各岗位具体劳动具有代表性的抽象化指标，从而使各个岗位的劳动量和价值具有可比性。

2. 确定各指标要素的权重

企业在选择并定义了岗位评价指标之后，还需要为这些要素分配合适的权重，即确定各个评价要素的相对重要程度。因为对不同行业、不同企业和不同岗位来说，各个要素之间的相对重要程度通常是不一样的，企业在进行岗位评估，以及为各个评价指标确定权重的时候，都需要从企业自身的情况出发，仔细分析企业的业务性质、岗位工作内容以及各个评价指标的含义，然后赋予每个要素一定的权重。

19.2 市场薪酬调查

19.2.1 市场薪酬调查概述

市场薪酬调查是指对本地区同行业企业的薪酬水平进行调查，通过调查可以获得本地区同行业企业的最高和最低工资发放数目、奖金发放办法、员工激励方法等信息，它重在解决薪酬的对外竞争力问题。

19.2.2 市场薪酬调查渠道

我们将重点介绍两种市场薪酬调查渠道。

1. 委托专业机构进行调查

市场上有提供薪酬调查的管理顾问企业或人才服务企业，这些专业机构调查会减少人力资源部门的工作量，还能节省企业之间的协调费用。但企业需要向被委托的专业机构支付一定的费用。

2. 通过公开的信息了解

有些企业在发布招聘广告时，会写上薪酬待遇，调查者稍加留意就可以了解到这些信息。另外，人才交流部门也会定期发布一些岗位的薪酬参考信息。

19.2.3 市场薪酬调查步骤

正式的市场调查一般包括如下 3 个步骤。

1. 调查范围和调查对象

企业选择的市场薪酬调查的对象，最好是与本企业有竞争关系的企业或处于同一行业的企业。

2. 设计调查表格，并进行薪酬调查

薪酬调查的数据内容主要包括上一年度的薪资增长情况、不同薪资结构对比、不同岗位的薪酬数据、奖金和福利状况、长期激励措施以及未来薪酬走势分析等。

3. 汇总调查数据，并进行整理、核实

采取一定的方法对这些数据进行处理和分析，出具《薪资调查报告》。

19.2.4 使用《市场薪酬调查报告》时的注意事项

为了制定出一套科学、合理的薪酬体系，企业在使用《市场薪酬调查报告》时，需要对如下几个方面加以注意。

（1）调查报告是否是最新的。

（2）调查范围是否合适。

（3）薪酬调查结果是否具有可参照性。

（4）薪酬调查内容是否完备。

（5）数据的收集方法和处理方式是否合理。

（6）每年参加调查的对象是否一致。

（7）调查的资料是否准确。

19.3 薪酬体系的设计方法

19.3.1 薪酬额度的确定

根据薪酬市场调查结果，一般来说，在企业经济条件允许的情况下，企业所确定的薪酬水平，要在本地区同行业中处于中、上等水平，企业才具有竞争力。

根据企业组织结构中各岗位的相对价值及其对应的实付薪酬之间保持的对应关系所描绘出的曲线就叫作"薪酬结构线"。

在薪酬设计中有"薪酬分位"这样一个概念，如 10P、25P、50P、75P、90P 等，其含义是，假如有 100 家企业参与薪酬调查的话，有多少家企业处在既定的薪酬水平之下。

企业在薪酬定位上具体可以选择领先策略和跟随策略。领先策略是指企业的薪酬水平自始至终都领先于市场平均水平；跟随策略是指企业的薪酬水平自始至终都追随市场平均水平，但总是低于市场平均水平。

一般说来，有较雄厚的经济实力，处于开拓市场或提升经营业绩的企业可能会采用领先策略；而处于创业初期，尚未建立市场声誉并且资金周转比较困难的企业则倾向于采用跟随策略。

19.3.2　级数、级差设计

企业在确定薪酬额度后，接着要进行级数、级差设计。

企业需根据岗位价值评估结果或技术评定、能力测评结果将众多类型的薪酬归并组合成若干个等级 / 职级，其中的等级数就叫作"级数"。

员工薪酬额度的上一个职级和下一个职级的差数叫作"级差"。

薪酬级数的多少应根据企业的规模和工作的性质而定，其数量的多少并没有绝对的标准。但若级数太少，员工会感到难以晋升，缺乏激励效果；相反，若级数过多，会增加管理的难度和费用。

19.3.3　对应薪酬与岗位

理论上，确定薪酬和岗位对应关系的主要依据是岗位评价的分数。通常我们首先将企业所有岗位的评价分数按照薪酬等级划分成同样数量的区段，这样每个岗位就会根据自己的分数进入相对应的区段。这使每个职位都有了自己的薪酬等级标准。

测算公式：

①级差分值 =（最高岗位分值 − 最低岗位分值）/ 工资级数

②职级分值范围 = 最低岗位分值 + 级差分值

（注：由最低职级依次累加至最高职级）

下一步，要对已经确定的薪酬和岗位对应关系进行检查和调整，检查有无数据错误、有无明显不合理的地方，如果有就需要进行调整。

19.3.4 薪酬额度表

完成以上的所有步骤后企业就会得出一个表——"薪酬标准表"，它是企业通过分析薪酬与岗位的对应关系，得出每一名员工应得的工资额度的表。需要注意的是，"薪酬标准表"中所列出的是薪酬总额，工作人员还要根据静、动态工资比例进行分解，最后才能形成完整的"薪酬额度表"。

19.4 工资的设计

19.4.1 岗位工资的设计

1. 岗位工资概述

岗位工资是企业薪酬体系的重要构成部分，它是按不同的工作岗位确定工资的一种形式。岗位工资是由岗位工作的难易程度、责任大小、风险大小、技术含量和劳动强度决定的，而与员工的年龄、资历、技能等个人因素的相关程度较小。

2. 岗位工资的设计步骤

岗位工资的设计步骤如下所示。

（1）确定岗位工资总额。根据员工工资结构中岗位工资所占比例和预算的工资总额，确定岗位工资总额。

（2）明确岗位工资分配原则。根据企业战略目标和发展规划等确定岗位工资的分配原则，如以岗定薪、按劳分配等。

（3）进行岗位分析和评价。根据岗位的环境、责任、风险、劳动强度等因素对每一个岗位进行分析和评价，并按重要性进行排序。

（4）确定工资等级数量并划分等级。根据岗位评价的结果，确定企业工资等级的数量并将所有岗位划分成不同的等级。

（5）确定工资等级的标准额度。根据企业工资策略确定各岗位不同工资等级的标准额度。

（6）确定工资等级差距。确定不同工资等级之间的工资差距，主要是指工资额度的差别。

（7）确定工资幅度。即确定各个工资等级内的工资幅度，即每个工资等级内的多个工资标准内的最高标准与最低标准的差额。

（8）确定等级之间的重叠幅度。确定相邻等级之间的工资等级和额度的重叠部分额度的大小。

（9）确定计算方法。确定工资等级和额度的具体计算方法。

19.4.2　绩效工资的设计

绩效工资指的是依据员工个人绩效而增发的激励性工资。绩效工资能够促使员工努力实现企业认为重要的目标，有利于企业灵活调整员工的行为，以达成企业的重要目标，但是人力资源管理人员在设计绩效工资时所使用的产出标准可能无法保持足够的准确性和公正性，因此绩效工资可能会导致员工之间的恶性竞争，从而不利于组织的总体利益。

人力资源管理人员设计绩效工资的基本原则是通过激励员工的工作积极性，从而提高员工的工作绩效，进而促进企业整体绩效的提升。

1. 设计绩效工资的步骤

（1）确定发放绩效工资的对象。企业在设计绩效工资时，应考虑以下两点。

①发放绩效工资的对象层级和范围，即考虑绩效工资的设计是针对个人的、部门的还是整个组织的。发放绩效工资对象的层级不同使用的设计方案也不同。

②发放绩效工资对象的针对性，即针对的人员是高层领导、科研人员还是销售人员，针对对象不同，其绩效工资方案也不同。

（2）明确绩效工资在薪酬中所占的比例。绩效工资在薪酬中所占的比例通常与工作性质相关，所以人力资源管理人员应首先进行工作分析，然后对岗位进行评价，最后根据岗位分析和评价设计绩效工资。

（3）分析并明确绩效工资采用的体制。人力资源管理人员需要根据针对的对象和财务数据等，确定绩效工资采用的体制。常见的体制有佣金制、利润分享制、目标绩效制、特殊项目绩效奖励制等。

（4）明确绩效工资决定机制。绩效工资决定机制通常包括以个人为主体的绩效工资决定机制、以团队为主体的绩效工资决定机制、个人与团队联动的绩效工资决定机制。企业应根据工作性质、企业环境等选择合适的绩效工资机制。

以个人为主体的绩效工资决定机制指的是企业针对员工个人的工作绩效提供绩效奖励，这需要企业根据岗位情况建立与员工绩效相匹配的绩效考核体系；以团队为主体的绩效工资决定机制指的是企业针对团队或部门的工作绩效提供绩效奖励。

（5）确定绩效工资基数。企业可以将岗位工资的一定百分比规定为绩效工资，也可以根据岗位工资与市场价位的差距确定绩效工资系数，二者的计算公式如下所示。

> 绩效工资基数 = 绩效工资系数 × 岗位工资
>
> 绩效工资系数 = 目标市场价位 ÷ 岗位工资−1

（6）设计绩效工资时的规范化和实施。在明确前 5 个步骤的工作的同时，企业人力资源管理人员应建立完善的绩效管理体系，并制定绩效工资设计方案，使其规范化。经过绩效考核后，根据考评结果核算并发放绩效工资。

（7）绩效工资方案的调整。人力资源管理人员应根据企业环境的变化和绩效工资实施过程中出现的相关问题，就绩效工资的发放时间、绩效工资采用的体系、绩效工资在薪酬中所占的比例等内容进行调整。

2. 设计绩效工资时的注意事项

人力资源管理人员在设计绩效工资时，应注意如下 5 个要点。

（1）绩效工资是薪酬的一个重要组成部分，但不能取代薪酬体系中的其他部分。

（2）个人激励计划、组织激励计划必须与组织的战略目标、企业文化和价值观保持一致，并且与其他的经营活动相协调。

（3）要建立一套行之有效的绩效管理体系，设计绩效指标时要坚持 SMART 原则，绩效考核过程必须公平、公正、公开。

（4）必须使绩效与激励之间建立紧密的联系，制订合理的薪酬激励计划。

（5）绩效工资要保持一定的动态性，要根据不同的对象、在不同的时间进行合理的动态调整。

19.5　奖金与津贴的设计

19.5.1　奖金的设计

1. 奖金的概念

奖金也称"奖励工资"，它是企业为员工超额完成了任务或取得优秀工作成绩而支付的额外薪酬，其目的在于对员工进行激励，促使其继续保持良好的工作势头。

2. 奖金的类型

奖金主要包括考评奖金、项目奖金、年终奖、全勤奖、重大贡献奖这 5 种类型。

3. 奖金的设计

（1）制定奖励项目或指标。根据本企业经营、工作的需要确定奖励的项目和相应的奖励指标，然后根据企业内部各部门不同情况以及员工工作特点设计奖励条件。

（2）明确发放奖金的标准。即企业既定的要实施奖励的某个项目的奖金标准或按不同档次、不同级别划分的人员奖金标准是多少。

（3）制定分配奖金的办法。奖金分配的常用办法有积分法和系数法，积分法即对有定额的员工按照超额完成情况评分，对无定额的员工按照任务完成程度进行综合评分；系数法即在工作评价的基础上，根据岗位贡献大小确定岗位奖金系数，最后根据个人完成任务情况按系数进行分配。

（4）设置合理的奖金发放周期。人力资源管理人员在设置奖金发放周期时应根据奖励项目的性质、目的和工作需要来确定。例如，对于与企业整体经济效益和社会效益有关的奖励项目，可采取年度奖金的形式发放；对于持续的、有规律的工作奖励可采取月度奖、季度奖等形式发放。

19.5.2 津贴的设计

1. 津贴的概念

津贴也称"附加工资"或"补助"，它是指员工在艰苦或特殊条件下开展工作时，企业针对员工付出的额外的劳动量和额外的生活费用做出的补偿。

2. 津贴的类型

津贴主要包括交通（住房）补助津贴、女职工生育津贴、节假日加班津贴、电话费津贴、出差津贴、结婚津贴这 6 种类型。

3. 津贴的设计

（1）确定津贴的适用范围。即确定哪些岗位或工种要被纳入发放津贴的范围，岗位或工种按性质分别适用什么样的津贴项目。

（2）设计津贴的项目。人力资源管理人员在设计津贴时要遵守国家的相关法律法规，对要求设计津贴的岗位或工种进行详细调查研究，综合权衡后再设计津贴项目。人力资源管理人员在设计津贴项目时应注意如下要点。

①避免随意设计津贴项目。企业在设计津贴时应根据自身情况，考虑设计津贴的目的和意义。避免随意设计，以及没有任何目的地设计津贴。

②避免重复设计津贴项目。为适应各种新的工作环境，各种津贴项目应运而生，同时一些津贴可能失去了其继续存在的价值，人力资源管理人员在此时要及时废除无存在意义的津贴项目，防止津贴项目越来越多，给企业带来沉重的负担。

4. 确定津贴标准

（1）津贴标准的制定方法。津贴标准的制定方法主要包括按照员工的标准工资的一定比率制定和按照绝对额制定。

（2）确定津贴标准时应考虑的因素。人力资源管理人员在确定津贴标准时应考虑员工在特殊条件下身体受到危害的程度以及劳动保护设施的完善程度、劳动的繁重程度、工作时间的长短、生活费用支出增加的程度等因素。

5. 明确津贴的发放形式

津贴既有货币形式，又有实物形式，企业应根据自身的特点来确定采用哪种形式支付。

6. 津贴的日常管理

企业要制定出一整套加强津贴管理的规章制度和合理的支付办法。企业在设立津贴制度之后，要对其进行跟踪调查，检验其可实施性和科学性，发现问题及时改进。当劳动条件和工作环境发生变化时，企业应该及时对津贴制度作出相应的调整，使之能够始终有效地发挥积极作用。

19.6　工资的计算方法

19.6.1　计时工资的计算

计时工资是按照员工的工作时间来计算工资的一种方式，按照计算的时间单位可分为小时工资制、日工资制、月工资制、年薪制等具体形式。企业最常涉及的、较为复杂的工资制是月工资制和年薪制。

首先，我们将对月工资制工资计算方法进行详细介绍。月工资制工资计算一般涉及4个关键要素，企业需在明确该4项关键因素的基础上进行具体工资核算，具体内容如下所示。

（1）月标准工资。它一般是由企业与员工在劳动合同中约定或根据企业的薪酬政策确定的。

（2）日（小时）标准工资率。它是根据月标准工资和当月特定的应工作天数计算得出的，一般适合在计算加班费和请假扣款时使用。

（3）出勤天数。员工的出勤和缺勤天数及出于其他原因不能工作的天数通常需要人力资源管理人员在员工考勤簿中用各种符号予以记录，以明确员工缺勤是否涉及扣款。

（4）特定情况下计时工资的比率。这个比率一般是由国家已有的政策或企业规章制度明确规定的。

此外，我们将对年薪制的计算方法进行说明。年薪制也是一种计时工资制，它是以自然年度为周期来结算工资的。年薪涉及两个关键组成部分：基薪和风险收入。基薪是根据企业的经营状况和岗位价值来确定的，一般是普通员工平均工资的 2 ~ 4 倍；风险收入是根据企业经营利润状况、责任大小、风险程度等因素来确定的。

19.6.2 计件工资的计算

计件工资是指按照合格产品的数量和预先规定的计件单价来计算的，不直接用劳动时间来计量劳动报酬，而是用一定时间内的劳动成果来计算劳动报酬。通常，计件工资计算公式如下所示。

$$工资金额 = 计件单价 \times 合格产品数量$$

19.6.3 计件单价的计算

计件单价是指实行计件工资制时，企业为员工完成的每件合格产品（或某项作业）规定的工资支付标准，是支付计件工资的主要依据之一。计件单价是根据与工作物等级相对应的等级工资标准和定额计算得出的，工作物等级是根据某项工作的技术复杂程度和劳动繁重程度而划分的等级。计件单价的具体计算形式如下所示。

1. 按产量定额

$$个人计件单价 = 该工作物等级的单位时间工资标准 \div 单位时间产量定额$$

2. 按时间定额

$$个人计件单价 = 该工作等级的单位时间工资标准 \times 单位产品时间定额$$

19.7 工资总额与平均工资的统计分析

19.7.1 工资总额动态指标分析

人力资源管理人员在进行企业工资总额动态指标分析前需先明确构成企业工资总额的指标项目。根据国家相关规定，企业的工资总额由计时工资总额、计件工资总额、奖金、津贴和补贴、加班工资、因特殊情况支付的工资这 6 个指标组成。

工资总额中的动态指标就是工资总额各项指标中每月体现出不同结果的指标。工资总额的指标因素可分为两大类，即与人员相关的指标因素和与工作业绩相关的指标因素，而这些因素均有可能发生变动。因此与工资总额的动态指标相关的因素主要包括 3 类，如下所示。

（1）与人员相关的指标因素。如人员数量、出勤情况、职务升降、奖罚、工龄增长等。

（2）与业绩相关的指标因素。如工作产出数量、质量、效率等。

（3）其他相关指标因素。由社会生活水平决定的物价普调促使员工工资每年也要普调。

19.7.2　平均工资指数分析

1. 平均工资指数的内涵及类别

根据统计学的一般原理，平均工资指数是由两个不同时期的平均工资指标值被进行对比之后形成的，它被用来表示报告期平均工资较基期平均工资升降变动的方向和程度。平均工资指数是报告期员工平均工资与基期员工平均工资的比率，是反映不同时期员工工资水平变动情况的相对数。计算公式如下所示。

员工平均工资指数 = 报告期员工平均工资 ÷ 基期员工平均工资

平均工资指标主要有两类，如表 19-1 所示。

表 19-1　平均工资指标的类别说明

平均工资指数	具体说明	计算公式
平均货币工资指数	指报告期员工平均货币工资与基期员工平均货币工资的比率，它是反映不同时期员工货币工资水平变动情况的相对数	员工平均货币工资指数 = 报告期员工平均货币工资／基期员工平均货币工资
平均实际工资指数	指扣除物价变动因素后的员工平均工资。员工平均实际工资指数是反映实际工资变动情况的相对数，它表示员工实际工资水平提高或降低的程度	平均实际工资指数 = 报告期平均实际工资指数／报告期城镇居民消费价格指数 ×100%

2. 平均工资指数分析的意义

（1）平均工资指数可以更准确地反映企业员工收入水平的状况，它符合科学管理的理念。

（2）企业通过对平均工资指数结构变动的分析，可以确保平均工资分析具有完整性和准确性。

（3）企业通过对平均工资指数的分析可以提高企业的人工成本管理水平，更好地发挥薪酬管理的作用。

（4）企业通过对平均工资指数的深入分析，能够发现本企业员工工资的变化趋势，及时对劳动力市场人工成本变化趋势做出反应，及时调整本企业内部薪酬指数。

19.7.3　企业工资表的编制

1. 企业工资表的编制原则

工资表是企业工资制度的具体体现形式之一。工资表设计得科学与否，能直接反映出工资制度制定得合理与否，因此人力资源管理人员在编制工资表时应尽量做到科学、合理。

通常情况下，企业在编制工资表时应注意遵循如下 6 项原则。

（1）工资项目符合国家相关法律法规。

（2）工资项目符合企业规定。

（3）工资表中人员按部门排列。

（4）工资表中应体现员工的真实姓名、所属部门、职务。

（5）工资表中应体现基本工资、加班工资、各项扣款、应发工资、实发工资等项目。

（6）工资表中应有横向数据和纵向数据的汇总，并且确保横向汇总数据与纵向汇总数据平衡。

2. 编制工资表的具体案例

某企业为销售型企业，为员工缴纳五险，经企业领导班子研讨及职工大会通过，在企业内部实施绩效工资制。员工工资组成结构中包含基本工资、工龄工资、绩效工资、交通补助、话费补助等，为了完成部门任务，个别部门经常需要加班。根据企业实际情况，该企业设计了适合自己的工资表，如表 19-2 所示。

表 19-2　某企业职工工资表

序号	姓名	部门	职务	基本工资	工龄工资	加班费	绩效工资	应发工资	交通补助	话费补助	五险扣款	应扣款	所得税	实发工资	领款人签字
1															
2															
3															
……															
合计															

第 20 章

福利设计：如何设计员工福利

对员工福利的管理是企业薪酬管理的一项重要内容。关于员工福利的管理一般包括福利总额预算计划、社会保险缴费办法及工资福利与保险台账的建立这 3 个部分内容。

20.1 福利总额预算计划

20.1.1 福利的本质

福利作为企业为保留和激励员工而采取的一种形式，本质上是一种补充性的报酬。福利的形式可以是现金，也可以是物品、带薪休假、旅游、股权、培训、保险等。

20.1.2 福利管理的主要内容

企业为员工提供的福利项目可分为两大类：法定福利和企业自定福利，如图 20-1 所示。

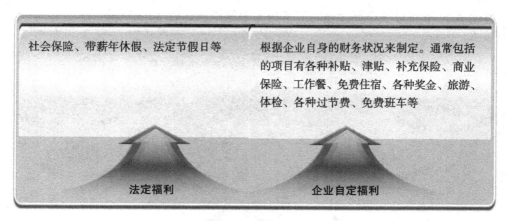

社会保险、带薪年休假、法定节假日等　　根据企业自身的财务状况来制定。通常包括的项目有各种补贴、津贴、补充保险、商业保险、工作餐、免费住宿、各种奖金、旅游、体检、各种过节费、免费班车等

法定福利　　　企业自定福利

图 20-1　福利项目

企业在进行福利管理时除了需要明确福利项目以外，还需要制定相应的管理制度。

例如，每项福利的具体开展时间、实施对象、实施方式、涉及的费用额度、企业通过实施该项福利希望达到的目的及相关后续工作，通过具体实施福利发现某项福利存在的不足或要注意的事项，以便下一年度或下次实施福利时予以避免等，均可被列入企业福利管理工作的内容。

20.1.3 各项福利总额预算计划的制订

1. 企业制订福利总额预算计划时需注意的事项

企业在制订各项福利总额预算计划时要考虑方方面面的细节问题，通常情况下企业在制订单项福利总额预算计划时要注意 11 个问题，如图 20-2 所示。

图 20-2 制订各项福利总额预算计划的注意事项

2. 企业制订福利总额预算计划时需遵循的原则

企业制订福利总额预算计划时应遵循 6 个原则，如图 20-3 所示。

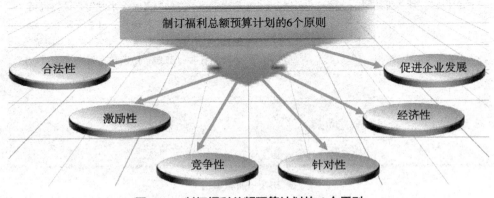

图 20-3 制订福利总额预算计划的 6 个原则

3. 各项福利总额预算计划的制订

企业福利总额是若干项福利项目的费用之和，企业可以根据实际情况采用总分式和分总式这两种方式来进行福利总额预算，如图 20-4 所示。

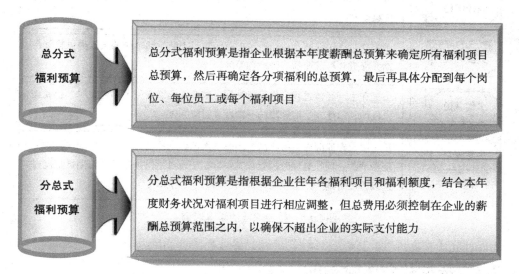

图 20-4　制定福利总额预算的两种常用形式

需要特别注意的是，企业在进行福利预算时，法定福利总额的预算一般采用分总式方式，即根据国家规定标准首先对每位员工的福利费用额度进行预算，汇总后得出该项福利费用总额，如社会保险福利、住房公积金福利等。

另外，企业在进行福利费用预算时还应该结合企业的人力资源规划，分析企业的人力资源信息库，预计年度的人力资源变动情况，以便于对企业的员工福利项目、福利额度做出相应调整，以确保福利预算计划具有有效性，使其能满足企业战略发展的需求。

20.2　社会保险缴费办法

20.2.1　社会保险的基本内容

社会保险福利是由政府统一管理、强制执行的社会性福利措施，如图 20-5 所示。

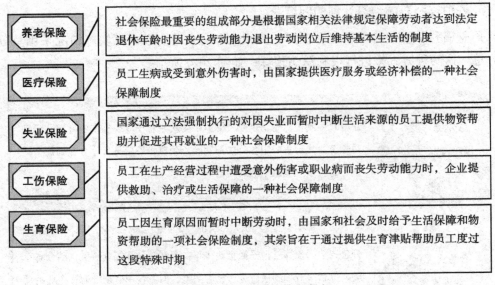

图 20-5　社会保险的基本内容

20.2.2　基本社会保险费的计算

社会保险费用的计算包括两大部分，如图 20-6 所示。

图 20-6　社会保险的两大组成部分

1.缴费基数（W）的确定

社会保险缴费基数因工资收入的不同而变动。新入职员工以入职时第一个月的工资标准作为在本企业的缴费基数，老员工以上年度在本企业的平均月收入为基数进行缴费。但企业为员工缴费时缴费基数不得低于国家规定的当期当地最低缴费基数，即当员工工资低于国家规定的标准时，只能按照国家规定的下限来为员工缴纳各项社会保险。

2.缴费比例（ξ）的确定

国家每年四月份都会对社会保险的缴费基数上下限做出政策性的调整，但每年的缴费比例不变，如表 20-1 所示。

表 20-1　各项社会保险缴费比例

保险名称	养老保险		失业保险		医疗保险		生育保险	工伤保险
	单位	个人	单位	个人	单位	个人	单位	单位
缴费比例	20%	8%	1.5%	0.5%	10%	2%+3	0.8%	0.5% ~ 2%

3. 缴费金额（∑）计算

企业为每位员工缴纳的社会保险金额（∑）计算办法为：$\sum = W*\xi$

五险的缴费金额计算办法为：$\sum = W_1\xi_1 + W_2\xi_2 + W_3\xi_3 + W_4\xi_4 + W_5\xi_5$

注：W 分别表示五项社会保险的缴费基数。

W1 为养老保险，W2 为失业保险，W3 为工伤保险，W4 为医疗保险，W5 为生育保险

ξ 分别代表五项社会保险缴费比例。

ξ_1 为养老保险，ξ_2 为失业保险，ξ_3 为工伤保险，ξ_4 为医疗保险，ξ_5 为生育保险

20.2.3　社会保险缴费工作的程序

社会保险由各企业人力资源部统一负责办理，由企业代扣代缴，员工应配合企业及时提供准备办理社会保险所需的各种资料。

社会保险的缴费流程如图 20-7 所示。

步骤1　◎ 企业在社会保障中心或社保所开户

步骤2　◎ 确定缴纳社会保险人员

步骤3　◎ 确定社会保险缴纳项目

步骤4　◎ 确定社会保险缴纳基数

步骤5　◎ 填报社会保险人员增减的各项报表并报盘

步骤6　◎ 银行转账

步骤7　◎ 缴费成功

图 20-7　社会保险的缴费流程

20.3 建立福利与保险台账

20.3.1 福利台账的建立

福利台账是指企业为员工提供各项福利待遇而建立的台账，包括支付现金、提供实物、提供服务或活动等不同形式。这些福利均会涉及一定的费用，企业在做福利台账时应注意体现出这些关键项目：福利项目的名称、发放福利的时间、福利针对的对象、兑现福利的方式、涉及的费用金额、发放福利过程中应注意的事项等内容。

福利台账建立的具体形式如表 20-2、表 20-3 所示。

表 20-2 福利台账建立形式一（以福利项目名称为主题）

福利项目名称				福利项目负责部门	
序号	实施时间	针对对象	涉及的费用（元）	涉及的物品	注意事项
1					
2					
3					
……					
合计					

表 20-3 福利台账建立形式二（以每月费用为主题）

序号	福利项目	月份				
		1 月	2 月	……	12 月	合计（元）
1	体检					
2	旅游					
3	过节					
4	工作餐					
……	……					
合计						

20.3.2 保险基金台账的建立

1. 建立保险基金台账的意义

（1）社会保险作为企业的一项重要福利项目，在企业人工成本费用中占据较大的比重，为做好保险基金的控制与管理工作，企业必须建立保险基金台账。

（2）为企业检查每月的保险缴费变动情况，进而分析导致变动的原因提供便利。

（3）通过对不同年度的社会保障基金费用的额度进行比较，企业能够发现社保缴费的规律，促使企业提前做好下一年度的保险基金费用预算。

2. 保险基金台账的建立形式

企业在建立每月保险基金台账时应注意这几个要点：涉及保险基金的人数，保险基金的缴费基数，每月保险基金缴费总金额，每项保险基金的缴费金额，保险基金在发放过程中的变动情况等。

第 21 章

员工关系：劳动合同与劳动关系

一般而言，劳动关系是指用人单位（雇主）与劳动者（雇员）之间在运用劳动者的劳动能力、实现劳动过程中产生的法律关系。

21.1　劳动合同的订立

《中华人民共和国劳动法》第十七条规定："订立和变更劳动合同，应当遵循平等自愿、协商一致的原则，不得违反法律、行政法规的规定。"

21.1.1　劳动合同的内容

劳动合同的内容包括法定条款与约定条款。二者的具体内容如图 21-1 所示。

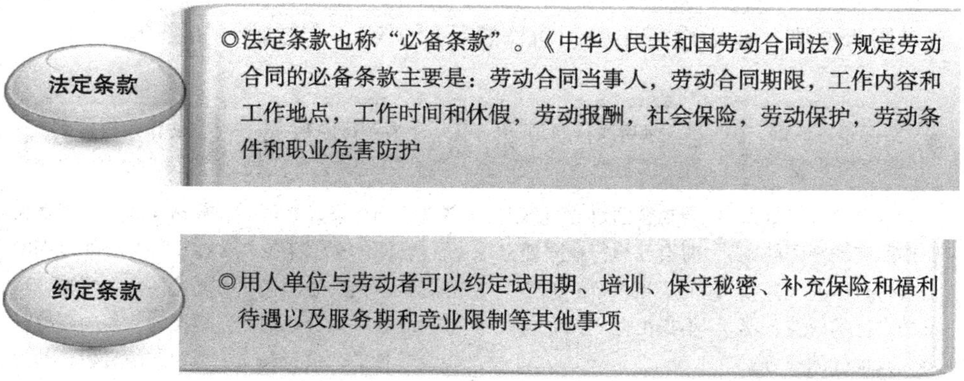

法定条款

◎法定条款也称"必备条款"。《中华人民共和国劳动合同法》规定劳动合同的必备条款主要是：劳动合同当事人，劳动合同期限，工作内容和工作地点，工作时间和休假，劳动报酬，社会保险，劳动保护，劳动条件和职业危害防护

约定条款

◎用人单位与劳动者可以约定试用期、培训、保守秘密、补充保险和福利待遇以及服务期和竞业限制等其他事项

图 21-1　劳动合同的法定条款和约定条款

21.1.2　订立劳动合同的原则

《中华人民共和国劳动合同法》第三条规定："订立劳动合同，应当遵循合法、公平、平等自愿、协商一致、诚实信用的原则。"

　　劳动合同由用人单位与劳动者遵循上述原则订立，并经用人单位与劳动者在劳动合同文本上签字及盖章生效。在用人单位与劳动者协商一致的情况下，可以变更、解除劳动合同。在劳动合同对劳动报酬和劳动条件等标准不明确而引发争议的情况下，用人单位与劳动者可以重新协商。

21.2　劳动合同的履行

　　劳动合同一旦被订立就具有法律效力，对双方当事人具有约束力。当事人双方必须履行劳动合同中规定的义务。

21.2.1　履行劳动合同的含义

　　劳动合同的履行是指劳动合同双方当事人依照合同约定履行其义务，共同实现劳动过程和维护各自合法权益的法律行为。

　　劳动合同订立的目的就是履行，即劳动者付出劳动，用人单位支付劳动报酬，使双方的权益得以实现。

21.2.2　履行劳动合同的原则

　　履行劳动合同的原则，即劳动合同的一般原则，是指贯穿履行劳动合同的过程的始终，指导整个履行劳动合同全过程的基本准则。履行劳动合同需要遵循实际履行原则、亲自履行原则、全面履行原则、协作履行原则这4个原则，如图21-2所示。

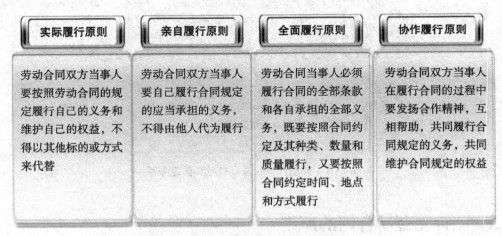

图21-2　履行劳动合同的原则

21.2.3　无效劳动合同

无效劳动合同是指当事人违反法律规定而订立的不具有法律效力的劳动合同。

《中华人民共和国劳动合同法》规定存在下列情形之一的劳动合同无效或部分无效，如图 21-3 所示。

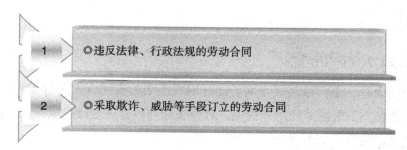

图 21-3　劳动合同无效的情形

21.2.4　劳动合同的续订

劳动合同的续订主要涉及无固定期限劳动合同。根据《中华人民共和国劳动合同法》第十四条规定："有下列情形之一，劳动者提出或者同意续订、订立劳动合同的，除劳动者提出订立固定期限劳动合同外，应当订立无固定期限劳动合同。"如图 21-4 所示。

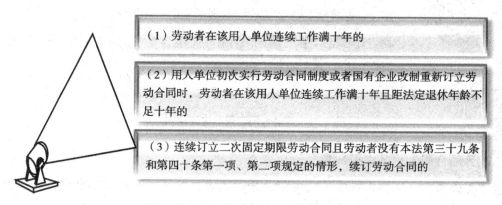

图 21-4　续订无固定期限劳动合同的情形

劳动合同期满，不存在应当订立无固定期限合同情形的，用人单位不同意续订合同的，用人单位应当向劳动者提供经济补偿，经济补偿按劳动者在本单位工作的年限，每满一年支付一个月工资的标准向劳动者支付；六个月以上不满一年的，按一年计算；不满六个月的，向劳动者支付半个月工资。

21.3 劳动合同的变更、解除与终止

一般情况下，劳动合同订立后，劳动关系双方当事人必须认真履行，任何一方不得擅自变更、解除或终止劳动合同。但是，在履行劳动合同的过程中，由于企业生产经营状况的变化，或者职工劳动、生活情况发生变化等情况下，也可以变更、解除或终止劳动合同。

21.3.1 劳动合同的变更

劳动合同变更，是指依法成立的劳动合同在尚未履行或者未全部履行之前，合同当事人双方或单方依据法律规定或约定，对劳动合同内容进行修改或补充的法律行为。

1. 劳动合同变更的主要原则

《中华人民共和国劳动合同法》第三十五条规定："用人单位与劳动者协商一致，可以变更劳动合同约定的内容。变更劳动合同，应当采取书面形式。"劳动合同变更的主要原则如图 21-5 所示。

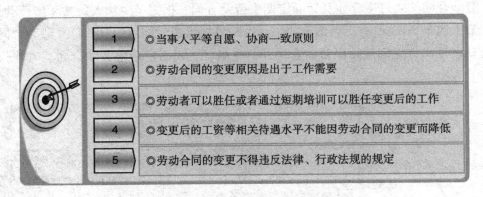

1　◎当事人平等自愿、协商一致原则

2　◎劳动合同的变更原因是出于工作需要

3　◎劳动者可以胜任或者通过短期培训可以胜任变更后的工作

4　◎变更后的工资等相关待遇水平不能因劳动合同的变更而降低

5　◎劳动合同的变更不得违反法律、行政法规的规定

图 21-5　劳动合同变更的主要原则

2. 劳动合同变更的主要程序

劳动关系双方当事人在确认变更劳动合同的前提下，应该达成变更劳动合同的书面协议，并且双方当事人要严格按照一定的程序变更劳动合同。劳动合同变更的程序如图 21-6 所示。

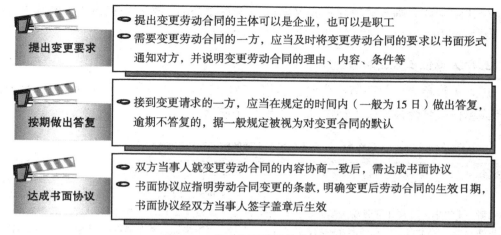

图 21-6　劳动合同变更的主要程序

21.3.2　劳动合同的解除

劳动合同的解除，是指当事人双方提前终止劳动合同的法律效力，解除双方的权利义务关系。劳动合同的解除包括双方协商一致依法解除、劳动者单方面解除和用人单位单方面解除这 3 种形式。

1. 双方协商一致依法解除

《中华人民共和国劳动法》第二十四条规定："经劳动合同当事人协商一致，劳动合同可以解除。"

2. 劳动者单方面解除

《中华人民共和国劳动合同法》第三十七条规定："劳动者提前三十日以书面形式通知用人单位，可以解除劳动合同。劳动者在试用期内提前三日通知用人单位，可以解除劳动合同。"

《中华人民共和国劳动合同法》第三十八条规定："用人单位有下列情形的，劳动者可以解除劳动合同：

（一）未按照劳动合同约定提供劳动保护或者劳动条件的；

（二）未及时足额支付劳动报酬的；

（三）未依法为劳动者缴纳社会保险费的；

（四）用人单位的规章制度违反法律、法规的规定，损害劳动者权益的；

（五）因本法第二十六条第一款规定的情形致使劳动合同无效的；

（六）法律、行政法规规定劳动者可以解除劳动合同的其他情形。"

用人单位以暴力、威胁或者非法限制人身自由的手段强迫劳动者劳动的，或者用人单位违章指挥、强令冒险作业危及劳动者人身安全的，劳动者可以立即解除劳动合同，无须事先告知用人单位。

3. 用人单位单方面解除

用人单位单方面解除劳动合同主要包括劳动者过失性解除、劳动者无过失性解除和用人单位经济性裁员这3种情形，如表21-1所示。

表21-1 用人单位单方面解除劳动合同的情形

情形	内容	
劳动者过失性解除	《中华人民共和国劳动法》第二十五条规定：劳动者有下列情形之一的，用人单位可以解除劳动合同	（一）在试用期被证明不符合录用条件的 （二）严重违反劳动纪律或者用人单位规章制度的 （三）严重失职、营私舞弊，对用人单位利益造成重大损害的 （四）被依法追究刑事责任的
劳动者无过失性解除	《中华人民共和国劳动合同法》第四十条规定：有下列情形之一的，用人单位提前三十日以书面形式通知劳动者本人或者额外支付劳动者一个月工资后，可以解除劳动合同	（一）劳动者患病或者非因工负伤，在规定的医疗期满后不能从事原工作，也不能从事由用人单位另行安排的工作的 （二）劳动者不能胜任工作，经过培训或者调整工作岗位，仍不能胜任工作的 （三）劳动合同订立时所依据的客观情况发生重大变化，致使劳动合同无法履行，经用人单位与劳动者协商，未能就变更劳动合同内容达成协议的
	《中华人民共和国劳动合同法》第四十二条规定：劳动者有下列情形之一的，用人单位不得依照本法第四十条、第四十一条的规定解除劳动合同	（一）从事接触职业病危害作业的劳动者未进行离岗前职业健康检查，或者疑似职业病病人在诊断或者医学观察期间的 （二）在本单位患职业病或者因工负伤并被确认丧失或者部分丧失劳动能力的 （三）患病或者非因工负伤，在规定的医疗期内的 （四）女职工在孕期、产期、哺乳期的 （五）在本单位连续工作满十五年的，且距法定退休年龄不足五年的 （六）法律、行政法规规定的其他情形
用人单位经济性裁员	《中华人民共和国劳动合同法》第四十一条规定：有下列情形之一，需要裁减人员二十人以上或者裁减不足二十人但占企业职工总数百分之十以上的，用人单位应提前三十日向工会或者全体职工说明情况，听取工会或者职工的意见后，向劳动行政部门报告裁减人员方案，可以裁减人员	（一）依照企业破产法规进行重整的 （二）生产经营发生严重困难的 （三）企业转产、重大技术革新或者经营方式调整，经变更劳动合同后，仍需裁减人员的 （四）其他因劳动合同订立时所依据的客观经济情况发生重大变化，致使劳动合同无法履行的

21.3.3 劳动合同的终止

劳动合同的终止，是指劳动关系自然失效，劳动关系双方不再履行合同规定的义务。

《中华人民共和国劳动法》第二十三条规定："劳动合同期满或者当事人约定的劳动合同终止条件出现，劳动合同即行终止。"

《中华人民共和国劳动合同法》第四十四条规定："有下列情形之一的，劳动合同终止：

（1）劳动合同期满的；

（2）劳动者开始依法享受基本养老保险待遇的；

（3）劳动者死亡，或者被人民法院宣告死亡或者宣告失踪的；

（4）用人单位被依法宣告破产的；

（5）用人单位被吊销营业执照、责令关闭、撤销或者用人单位决定提前解散的；

（6）法律、行政法规规定的其他情形。"

21.4 员工离职管理

员工离职在性质上可以分为自愿离职和非自愿离职。自愿离职包括员工辞职和退休；非自愿离职包括辞退员工和集体性裁员。退休对企业更新人员年龄结构具有正面价值，在正常情况下其数量和比例具有可预期性。集体性裁员和辞退员工是一种偶发行为，一般在离职分析中不予考虑。

21.4.1 离职问题的形成

企业员工离职可以分为两种情况。一种是对于不符合企业文化或不具有竞争力的员工，企业往往会通过发放较低的薪水、缓慢的升迁等制度或方式暗示员工主动辞职，从而规避支付员工经济赔偿金。另一种才是真正意义上的企业内部人才流失，即那些有利于企业运营和成长的员工的离职。

1. 离职的原因分析

当企业的员工离职率偏高时，企业应系统地收集相关资料，了解员工离职的原因。收集资料的方法有离职访谈、对离职或现有员工进行问卷调查等。

一般来说，员工离职的原因是多方面的，但主要体现在3个方面，如图21-7所示。

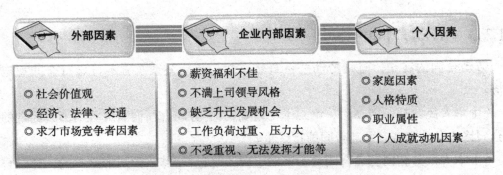

图 21-7　员工离职的三方面原因

2. 离职的效果分析

企业保持一定的员工流动率能够为企业不断输入新鲜血液，引进高素质员工，淘汰不合格员工，使企业保持活力。这是员工离职的良性影响，它对企业发展的积极作用体现在几个方面，如图 21-8 所示。

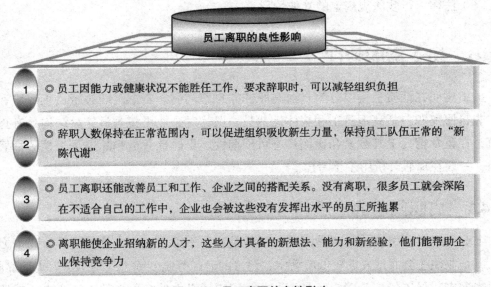

图 21-8　员工离职的良性影响

但是，如果离职率超过正常范围，特别是骨干员工、核心员工的离职，会严重影响企业正常的生产运营和发展。这样企业必然会因缺乏人才而面临被市场淘汰的风险。这是员工离职对企业的恶性影响，它对企业的发展具有严重的消极作用，如图 21-9 所示。

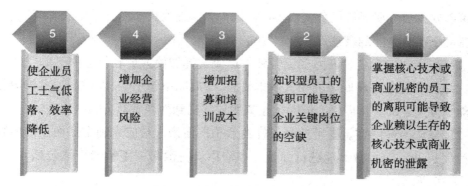

图 21-9　员工离职的恶性影响

3. 离职率的计算

国际通用的离职率的计算公式为：

员工离职率 = 离职人数 / 平均在职人数 = 离职人数 /〔（期初人数 + 期末人数）/2〕

但如果按上述公式来算，离职率很有可能过高，可见用这种方法计算离职率并不科学。

如果在计算离职率时，将分子定义为在某一时期内的离职人数，分母定义为该时期的累计在册人数，即该时期内在职员工最多时的数量，这样求得的离职率结果将更科学。计算公式为：

员工离职率 = 离职人数 / 本期累计在册人数 ×100%

本期累计在册人数为月末在职人数与离职人数之和，即月初在职人数与新进人数之和。

这种方法一方面可以使人们更容易理解离职率的含义；另一方面，无论员工什么时候辞职，都可以在离职率上被反映出来。

21.4.2　离职流程与手续办理

1. 提出辞职申请

企业应建立起完善的离职管理制度，以规范对离职的管理。按照一般规定，正式员工因故辞职，须提前 30 天向人力资源部提交书面的"辞职申请表"或"离职申请表"，并呈送相关领导审批。处于试用期的员工须提前 3 天向人力资源部提交书面的"辞职申请表"或"辞职通知"。

2. 离职面谈与审批

接到辞职申请的负责人应当及时与辞职员工进行沟通，针对工作表现优秀、业绩良好的员工应适时安排离职面谈，了解其辞职原因，并寻找解决办法，尽量挽留，减少员工流失对企业造成的损失。

可以安排员工所属部门负责人参与离职面谈，这有助于企业了解员工离职的原因，同时有助于提升企业的管理水平。

（1）面谈前的准备。人力资源管理人员应选择能使人放轻松、明亮的空间为面谈地点，并应妥善准备离职者的个人基本资料、"离职申请书"、以往的"考核记录表"，以正确掌握离职的真正原因，同时也让离职者感受到面谈者对自己的重视。

（2）离职面谈内容。为了达到较好的效果，面谈人员应先确定好面谈的内容，而不能漫无目的、随心所欲地进行面谈。离职面谈一般需要了解的信息包括6个方面，如图21-10所示。

人力资源管理人员在进行面谈时应主要提出开放性的问题，避免问太笼统或具有引导性的问题，多问一些类似以"什么""如何"和"为什么"为开头的开放式的问题，让离职员工能够表达自己的想法。离职面谈结束后，如果对离职员工挽留无效，人力资源管理人员要对离职人员的配合表示感谢并对其未来的工作表示祝愿，再将其离职申请交由负责人审批。

1	2	3	4	5	6
离职后的个人职业生涯规划等	离职后开展本岗位后续工作的建议	离职人员对所在部门或企业需要改进的合理化建议	离职人员对企业当前工作环境及企业内部人际关系的看法	离职人员对当前企业管理、文化的评价	离职人员离职的真实原因，导致离职的主要事件

图 21-10　离职面谈的 6 方面内容

3. 进行工作交接

人力资源管理部门在收到员工的离职或辞职申请，并进行离职面谈后，应通知所在部门做好离职员工的工作交接。工作交接主要包括办公用品交接和工作内容交接这两方面的内容，如图21-11所示。

办公用品交接

员工在用人单位工作期间，因工作职责需要由其保管或使用的办公用品和其他财物，都应当在离职前交还单位。用人单位应指定专人接收，并办理交接手续

工作内容交接

一是离职员工向接替其工作的员工或单位指定人员，介绍本岗位的职责、工作范围、工作方法和业务运作程序，交清本岗位上的各种设备、设施情况等内容；二是向接替人员或单位指定的人员交代尚未完成的工作任务

图 21-11　工作交接的内容

21.4.3　离职办理表单

1. 员工离职申请表

离职员工须按照企业规定提前向人力资源部提交"员工离职申请表"，表21-2是某企业的"员工离职申请表"，供读者参考。

表21-2　员工离职申请表

申请人		所在部门		入职日期	
员工编号		职位		学历	
申请日期		离职去向		拟离职日期	
离职类别	□试用期内辞职 □劳动合同到期不续签 □因个人原因辞职 □其他：				
离职原因					
所在部门意见：					
人力资源部意见：					
企业领导审批：					

2. 员工离职面谈表

人力资源管理人员在进行离职面谈时，应记录面谈内容，以便面谈后有序整理记录，针对内容分析、整理出员工离职的真正原因，并提出改善建议以防类似情况再次发生。表21-3是某企业的"员工离职面谈表"，供读者参考。

表21-3　员工离职面谈表

姓名		部门		岗位	
学历		专业		联系电话	
入职日期			离职日期		
谈话日期		谈话方式	□面谈□电话	谈话人	
1. 请指出你离职最主要的原因（请在恰当处加√号，可选多项），并加以说明					
□薪金□工作性质□工作环境□工作时间 □健康因素□福利□晋升机会□工作量 □加班□与企业关系或人际关系 其他：					

（续表）

2. 你认为企业在以下哪些方面需要加以改善（可选多项）
□企业政策及工作程序□部门之间沟通□上层管理能力 □工作环境及设施□员工发展机会□工资与福利 □教育培训及发展机会□团队合作精神 其他：
3. 你所在的部门氛围如何
□很好□较好□一般□较差□很差 其他：
4. 你觉得企业该如何缓解员工的压力
□加强员工与领导的沟通□加强员工间的沟通□改善工作环境 □增加娱乐活动 其他：
5. 企业本来可以采取什么措施来让你打消离职的念头
□完善培训机制□良好的职业发展规划□提高工资福利待遇 □改善工作氛围□良好的绩效考核机制 其他：
6. 你觉得企业各部门之间的沟通、关系如何？应该如何改进
□很好□较好□一般□较差□很差 其他：
7. 你觉得自己的角色发展和定位适当吗
□适当□一般□不适当 其他：
8. 你觉得企业存在哪些资源浪费、无意义的报告或会议等？你能具体描述一下吗
9. 企业若想挽留你，企业需要解决哪些问题
□增加薪酬□调整工作部门□调整工作岗位 □解决其他问题：
10. 我们真诚地希望你能给企业一些个人的意见和建议

3. 离职工作交接表

员工离职时需将其负责的工作事项与企业交接，对此，企业的人力资源部门、员工所属部门及其他相关部门应认真处理。交接完成后，应由交接人员和负责人书面确认。表21-4是某企业的"员工离职工作交接表"，供读者参考。

表 21-4 员工离职工作交接表

姓名		部门		职位	
入职日期		离职日期		离职类别	
离职原因陈述					
交接部门与事项		交接人签字		备注	
本部门	工作职责交接				
	工作资料交接				
	其他				
财务部	工资结算				
	备用金交接				
	扣缴金额				
	发票交接				
	其他				
人力资源部	考勤卡				
	办公用品				
	其他				
领导批示					

4. 员工离职结算表

员工为企业提供了劳动，有取得劳动报酬的权利，企业不得克扣或者无故拖欠劳动者的工资。员工离职时，企业应当依据法律法规、政策及双方的劳动合同约定结算工资。

员工在办理完工作移交手续后，人力资源部和财务部等相关部门应根据员工的考勤和绩效情况为员工进行离职结算，并填写"员工离职结算表"，由员工领取结算工资后签字确认。表 21-5 是某企业的"员工离职结算表"，供读者参考。

表 21-5 员工离职结算表

姓名		部门		职位	
入职时间		合同到期日		学历	
离职类别	□辞职 □辞退 □除名 □自动离职 □合同到期 □其他				
本部门移交					
	部门负责人签字：____年__月__日				

（续表）

行政移交	服装、考勤卡□已交移交人签字： 日期
	办公用品□已交移交人签字： 日期
人力资源部	离职手续办理□已办理签字： 日期
	离职当月出勤情况：
	从__月__日至__月__日
	迟到____次，早退____次，请假____天，旷工____天，实际出勤____天
	工资结算：
	结算人： 日期：
财务部	财务移交：
	财务借款：
	其他应扣款：
	结算人： 日期：
结算	今收到本人工资： 元，核对无误！
	本人签字： 日期：

第 22 章

人力外包：人力资源外包

人力资源外包，是指企业为降低成本、提高效率、充分发挥自身核心竞争力及增强企业对环境的应变能力而采用的一种管理模式。

在实践操作过程中，企业会将除人力资源直接管理的核心事务外的业务整合外包给企业外部具备专业技能和资源的机构。

22.1 人力资源外包概述

22.1.1 人力资源外包的作用

人力资源外包对企业有重要作用，具体作用主要包括如下几点。

（1）帮助人力资源部门从繁杂的重复性事务中解脱出来，使其能专注于完成核心战略性工作。

（2）提供接触新管理技术的机会，提高工作效率。

（3）加强操作的规范性。

（4）规避风险，减少纠纷。

（5）简化流程、节省时间、提高员工满意度。

22.1.2 人力资源外包内容的选择

人力资源外包虽然能在一定程度上为企业人力资源管理工作提供帮助，但并不是所有的人力资源管理业务都适合外包。

一般情况下，企业可以有选择性地把招聘、考核、培训、薪酬、保险等事务性、社会性的人力资源管理业务外包出去。值得一提的是，选择外包的内容不宜包含企业安全问题、企业核心工作，如企业的人力资源长短期规划等项目。

22.1.3 人力资源外包形式的选择

一般情况下，企业寻求人力资源管理外包服务商的形式包括 3 大类，如图 22-1 所示。

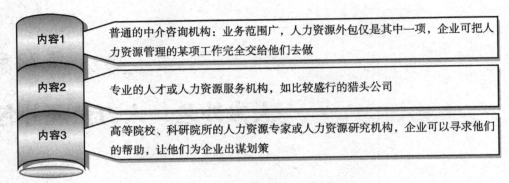

图 22-1 人力资源外包的形式

22.1.4 外包协议的内容协商与签订

人力资源外包在为企业带来一定好处的同时，也会带来一定的风险。企业在与外包服务机构签订合同时，要特别注意考虑来自服务商的风险问题，包括外包项目预期效果、阶段考察、信息安全、损失赔偿等方面的条款或相关事宜。企业应在明确外包协议符合企业实际情况后，做出人力资源外包的决定，并签订人力资源外包协议。

以下是某企业（甲方）与某人力资源外包服务机构（乙方）签订的人力资源外包协议，供读者参考。

文本名称	人力资源外包协议	受控状态	
		编号	

甲方：（以下简称"甲方"）
乙方：（以下简称"乙方"）

1. 合同期限
经甲、乙双方协商一致，本合同期限为___年，于___年__月__日起至___年__月__日止。

2. 甲方责任

2.1　主动、及时地向乙方提供办理相关手续所需要的有关材料。

2.2　及时向乙方缴纳服务费。

2.3　甲方如需转移人事关系和人事档案，须持待收单位的正式"商调函"和"调动通知"来乙方处办理有关手续。

2.4　甲方在联系电话、住址或通信地址发生变化时应及时通知乙方。

3. 乙方责任

□招聘、推荐并派遣各类员工

□提供劳动事务和人事代理服务

3.1　劳动合同及规章制度修改制定。

3.2　劳动法规和政策咨询。

3.3　劳动法律事务处理。

3.4　劳动年检代理。

3.4.1　为乙方外来员工办理合法用工手续。

（续）

3.4.2　为乙方员工办理相关社会保险或商业保险。

□养老保险；□失业保险；□医疗保险；□工伤保险；

□住房公积金；□补充医疗保障；

□商业保险内容：

□办理户口挂靠、档案关系转接、委托管理及专业技术职称评定等相关人事手续。

□其他服务：

乙方应根据国家、地方相关法律法规的规定及甲方的要求，履行本合同。

4. 费用及支付方式

4.1　服务费：每年支付＿＿次，于＿＿年__月__日前支付。

4.2　保险费用。

4.2.1　甲方自主选择的社会保险缴费基数。

4.2.2　上述费用的缴费比例按相关部门规定，甲方全额承担所需费用，包括单位缴费费用和个人应缴纳费用及按规定补缴（罚）的费用。如遇政策性调整费率，由甲方补齐。

4.2.3　缴费方式如下。

□甲方按月缴纳；□甲方按季度缴纳；□甲方每半年缴纳一次；□甲方每年度缴纳

4.3　费用的支付形式如下。

□现金□转账支票□转账

5. 合同的解除和终止

5.1　本合同期满后，如不续签，本合同自动终止。如需续签的，双方应在合同到期前一个月，就是否续签合同进行协商。协商一致后，可续签合同。

5.2　履行合同期间，如果需要提前终止或解除本合同，经双方协商一致后，合同方可终止或解除。

5.3　一方违反本合同的规定，另一方可解除本合同。

6. 违约责任

6.1　乙方在收到甲方支付的相关费用后，没有或没有按约定为甲方及时办理相关事务的，乙方除了负责全额补齐费用之外，还需赔偿由此给甲方造成的经济损失。

6.2　甲方没有按约定及时向乙方支付参保费用和服务费时，或没有按约定时间通知参保人员的缴费基数变化及人员变化时，甲方除了应负责全额补齐相关费用之外，还应承担由此给乙方造成的经济损失。

7. 其他

7.1　甲、乙双方在办理相关手续时，应以书面形式并加盖公章。

7.2　本合同未尽事宜或需变更内容时，应经双方协商签章后生效。

7.3　本合同自签订之日起生效。

本合同一式两份，甲乙双方各执一份。未尽事宜，双方协商解决。

甲方（盖章）：	乙方（盖章）：
法定代表人（签字）：	法定代表人（签字）：
代理人（签字）：	代理人（签字）：
日期：　　年　月　日	日期：　　年　月　日

编制日期		审核日期		批准日期	
修改标记		修改处数		修改日期	

22.2 人力资源业务外包

22.2.1 人力资源培训外包

培训是人力资源管理的重要职能之一，将人力资源部门的培训职能外包给有经验的培训服务供应商，能够帮助企业实现提高工作效率、优化资源配置、优化核心能力的战略目标，提升人力资源管理服务的水平。企业在进行企业培训外包时，要注意按照如下步骤开展。

（1）培训需求分析和外包成本考察。

（2）做出培训外包决定。

（3）考核并选定培训供应商。

（4）监督并控制培训质量。

（5）控制培训外包风险。

（6）评估和验收培训外包服务。

企业将培训业务外包出去会给企业带来帮助的同时，也存在着一定的风险，企业要适时对培训外包进行风险的规避。

首先，企业要取得培训活动的控制权，明确培训内容、方式、方法以符合企业需求，把具体构想告知培训供应商，并将培训业绩目标列入与培训供应商签订的合同中。

其次，企业要规避同培训供应商的目标冲突，明确选择培训服务商的原则和标准，通过不断地监控和评价培训供应商的工作进度和业绩后，协商签订完善的外包合同，并与培训供应商建立良好的合作伙伴关系。

最后，企业要对培训供应商提供的培训外包服务进行整体评估和验收，比较内部培训和外包培训的效果，判断培训外包是否有利于自身核心能力的培养、整体竞争力的增强以及企业的持续稳定发展，并以此来决定是否要继续实施培训外包。

22.2.2 人力资源招聘外包

招聘外包，是指企业将全部或部分招聘、甄选工作委托给第三方的专业人力资源企业。该类企业会利用自己在人才资源、评价工具和流程管理等方面的优势来完成招聘工作。

招聘外包在多数企业中已被逐渐推广普及，发挥了重要的作用，具体内容如图22-2 所示。

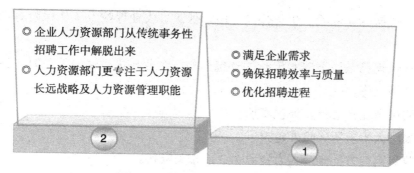

图 22-2　**人力资源招聘外包的作用**

22.2.3　人力资源薪酬外包

　　企业选择薪酬管理外包有诸多原因，其中最常见的原因是想确保企业内部人员重视并积极开展那些与企业经营紧密相关的战略性活动。另外，为了更好地管理和控制薪酬管理成本，企业也会选择可以为其节省成本的外包商。

　　薪酬管理外包是一种有效的人力资源管理服务策略，但并不适用于所有的企业，如图 22-3 所示。

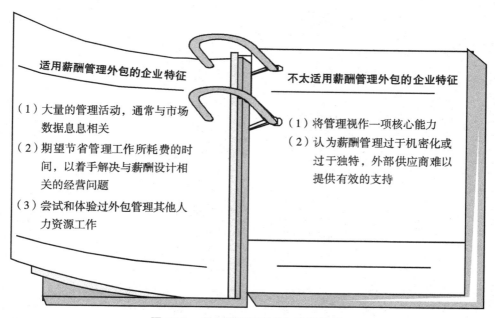

图 22-3　**企业薪酬管理外包实施说明**

22.2.4　人力资源保险外包

　　人力资源保险外包（简称"保险外包"）是指企业委托第三方的专业人力资源企

业为其员工代缴养老保险、生育保险、医疗保险、失业保险及工伤保险等社会保险的费用。

保险外包现已是当下非常流行的外包业务，企业在进行保险外包时，要注意按照如下步骤开展工作。

（1）明确企业社会保险外包需求。

（2）编写人力资源保险外包报告。

（3）收集第三方的专业人力资源企业的相关资料。

（4）评估第三方的专业人力资源企业。

（5）确定需企业委托保险外包企业。

（6）合作谈判。

（7）签订合同。

第 23 章

文案编制：制度、流程与员工手册

23.1 人力资源管理制度的编制

23.1.1 管理制度的界定

管理制度一般指企业为完成某项任务或目标，要求相关人员共同遵守的办事规程或行动准则。对企业来说，人力资源管理制度包括章程、规定、办法、细则、规范等；企业简介、指导意见、战略发展规划、年度计划、工作计划、说明书等不属于管理制度的范畴。

23.1.2 管理制度的框架设计

一个规范、完整的制度需要具备的内容包括制度名称、总则/通则、正文/分则、附则与落款、附件这 5 大部分。图 23-1 介绍了常用的制度模板。

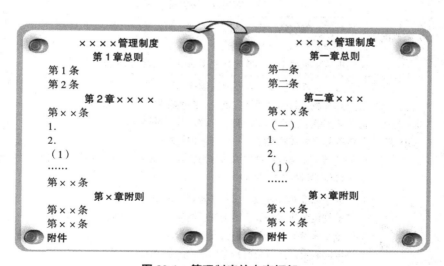

图 23-1　管理制度的内容框架

23.1.3　人力资源管理制度的编制规范

管理制度内容结构的设计要点如图 23-2 所示。

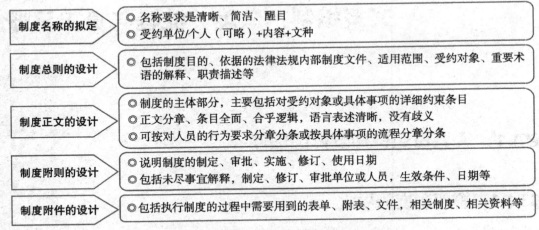

制度名称的拟定	◎ 名称要求是清晰、简洁、醒目 ◎ 受约单位/个人（可略）+内容+文种
制度总则的设计	◎ 包括制度目的、依据的法律法规内部制度文件、适用范围、受约对象、重要术语的解释、职责描述等
制度正文的设计	◎ 制度的主体部分，主要包括对受约对象或具体事项的详细约束条目 ◎ 正文分章、条目全面、合乎逻辑，语言表述清晰，没有歧义 ◎ 可按对人员的行为要求分章分条或按具体事项的流程分章分条
制度附则的设计	◎ 说明制度的制定、审批、实施、修订、使用日期 ◎ 包括未尽事宜解释，制定、修订、审批单位或人员，生效条件、日期等
制度附件的设计	◎ 包括执行制度的过程中需要用到的表单、附表、文件，相关制度、相关资料等

图 23-2　管理制度内容结构的设计要点

一套体系完整、内容合理、行之有效的人力资源管理制度要求设计制度人员在设计管理制度时需遵循一定的编写要求，即达成"三符合、三规范"，如表 23-1 所示。

表 23-1　人力资源管理制度内容编制的规范要求

设计规范		具体说明
三符合		符合管理者最初的设想
		符合科学的企业管理原则
		符合客观事物发展规律或规则
三规范	规范制度制定者	1. 品行好，能做到公正、客观，有较好的文字表达能力和分析能力 2. 了解国家法律、社会公共秩序 3. 制度所依资料全面、准确，能反映生产经营活动的真实面貌
	规范制度的内容	1. 合法、合规，制度内容不违反国家法律法规和公德民俗，确保制度有效 2. 形式美观，制度框架格式统一、简明扼要、简洁、无漏洞 3. 语言简练、条理清晰、前后一致、符合逻辑规律 4. 制度的可操作性要强，并能与其他规章制度衔接 5. 规定制度涉及的各种文本的效力，并用书面或电子文件的形式向员工公示或向员工提供接触标准文本的机会
	规范制度实施过程	1. 明确培训及实施过程、公示及管理、定期修订等内容 2. 营造规范的执行环境，减少执行制度的过程中可能遇到的阻力 3. 规范全体员工的职责、行为及工作程序 4. 制度的制定、执行与监督应由不同人员负责 5. 记录执行制度的情况并保留

23.1.4　人力资源管理制度的设计步骤

企业在设计人力资源管理制度时主要遵循 7 个步骤，如图 23-3 所示。

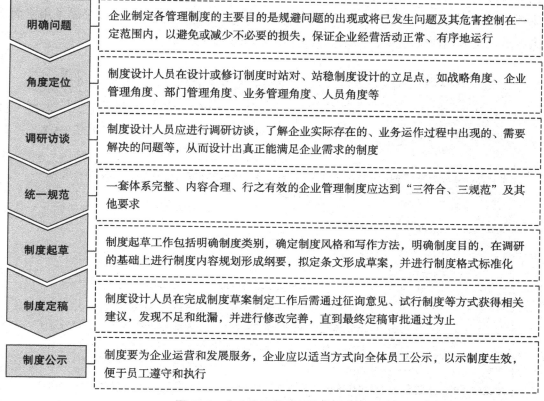

明确问题	企业制定各管理制度的主要目的是规避问题的出现或将已发生问题及其危害控制在一定范围内，以避免或减少不必要的损失，保证企业经营活动正常、有序地运行
角度定位	制度设计人员在设计或修订制度时站对、站稳制度设计的立足点，如战略角度、企业管理角度、部门管理角度、业务管理角度、人员角度等
调研访谈	制度设计人员应进行调研访谈，了解企业实际存在的、业务运作过程中出现的、需要解决的问题等，从而设计出真正能满足企业需求的制度
统一规范	一套体系完整、内容合理、行之有效的企业管理制度应达到"三符合、三规范"及其他要求
制度起草	制度起草工作包括明确制度类别，确定制度风格和写作方法，明确制度目的，在调研的基础上进行制度内容规划形成纲要，拟定条文形成草案，并进行制度格式标准化
制度定稿	制度设计人员在完成制度草案制定工作后需通过征询意见、试行制度等方式获得相关建议，发现不足和纰漏，并进行修改完善，直到最终定稿审批通过为止
制度公示	制度要为企业运营和发展服务，企业应以适当方式向全体员工公示，以示制度生效，便于员工遵守和执行

图 23-3　人力资源管理制度设计步骤

23.2　人力资源管理流程的编制

23.2.1　工作流程的界定

工作流程是指工作事项的活动流向顺序，它主要包括实际工作中的工作环节、步骤和程序。工作流程中的组织系统中各项工作之间的逻辑关系是一种动态关系。

人力资源管理人员在设计工作流程时主要采用流程图的方式。工作流程图是通过适当的符号记录全部工作事项，进而描述工作活动流向顺序。工作流程图由一个开始节点、一个结束阶段及若干中间环节组成，中间环节的每个分支也要有明确的分支判断依据。

23.2.2 人力资源管理流程的设计步骤

人力资源流程就是根据先轻后重的原则，将人力资源管理工作进行流程化管理。人力资源管理流程的设计主要是将需要设计或再造的人力资源工作流程进行分析，确定流程的主要环节、参与部门，并对其操作步骤进行明确说明，并将最终成果用书面形式展现出来以便推进实施的过程，具体步骤如图 23-4 所示。

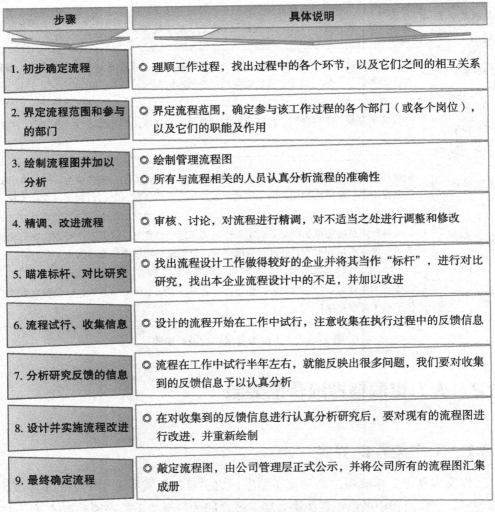

步骤	具体说明
1. 初步确定流程	◎ 理顺工作过程，找出过程中的各个环节，以及它们之间的相互关系
2. 界定流程范围和参与的部门	◎ 界定流程范围，确定参与该工作过程的各个部门（或各个岗位），以及它们的职能及作用
3. 绘制流程图并加以分析	◎ 绘制管理流程图 ◎ 所有与流程相关的人员认真分析流程的准确性
4. 精调、改进流程	◎ 审核、讨论，对流程进行精调，对不适当之处进行调整和修改
5. 瞄准标杆、对比研究	◎ 找出流程设计工作做得较好的企业并将其当作"标杆"，进行对比研究，找出本企业流程设计中的不足，并加以改进
6. 流程试行、收集信息	◎ 设计的流程开始在工作中试行，注意收集在执行过程中的反馈信息
7. 分析研究反馈的信息	◎ 流程在工作中试行半年左右，就能反映出很多问题，我们要对收集到的反馈信息予以认真分析
8. 设计并实施流程改进	◎ 在对收集到的反馈信息进行认真分析研究后，要对现有的流程图进行改进，并重新绘制
9. 最终确定流程	◎ 敲定流程图，由公司管理层正式公示，并将公司所有的流程图汇集成册

图 23-4 人力资源管理流程的设计步骤图

23.2.3 人力资源管理流程的设计要领

人力资源管理的对象是人力资源，即以人为中心，它与其他的管理模块有一定区别，其目标和宗旨是合理配置人力资源，最大限度地发挥人力资源的能力与作用，使员工以愉悦的心理状态为企业做出贡献，同时自身需求得到最大满足，因此人力资源管理流程具有独特性。

1. 人力资源管理流程的特点分析

人力资源事务工作烦琐、冗杂，企业必须把人力资源事务工作中的一些常规的程序流程化、标准化，使人力资源部从事务性工作中解脱出来，因此人力资源管理流程化设计与执行对企业非常重要。

人力资源管理工作面较宽，种类繁杂，流程及步骤较多，因此人力资源管理人员一般都需要承担多个方面的工作，这就需要人力资源管理人员了解很多相关知识，熟悉相关办公流程，才能高效、优质地完成工作。

2. 人力资源管理流程设计工作的要求及成功条件

企业合理设计人力资源流程可降低成本，完善服务，促进企业文化发展，人力资源管理流程的设计工作方法要求及成功条件如图23-5所示。

人力资源管理流程设计成功的必备条件

◎ 获取高层领导的帮助，企业核心人员对人力资源管理流程给予积极支持

◎ 人力资源管理流程设计人员对人力资源管理业务具有敏锐的洞察力、敏捷的应变能力，能清楚看到问题的症结所在，并能较快找出解决办法

◎ 员工对人力资源管理流程的设计与实施充满热情，并积极参与

◎ 尽早组织宣传、交流，使员工清楚并理解流程方案及其实施意义

◎ 员工支持优化流程，并能积极地接受各种可能出现的结果

人力资源管理流程设计的工作要求

◎ 使人力资源管理流程的设计策略与企业经营目标、信息技术水平相符合

◎ 明确说明新流程的优势和作用，取得高层领导的支持

◎ 选择一个合适的人力资源管理流程起点，有效推进流程设计工作

◎ 明确新人力资源管理流程对现存企业文化的影响，推动企业文化的升级

◎ 及时评估人力资源管理流程成果，制订切实可行的评估计划并制定方案

◎ 制定保持人力资源管理流程设计与执行的成果并使之不断优化的措施

图23-5 人力资源管理流程的设计工作要求及成功条件

3. 人力资源管理流程的实施原则

人力资源管理流程的实施原则如图23-6所示。

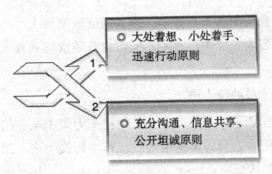

图 23-6　人力资源管理流程的实施原则

23.3 《员工手册》的编制方案

23.3.1　目的和适用范围

1. 目的

企业制定《员工手册》的目的一方面是为了构建企业的制度体系，加强对员工的管理；另一方面是为了对所有在职员工起到指导作用，以规范员工的行为。

2. 适用范围

《员工手册》一般适用于与企业建立劳动关系的员工，然而在企业的用工模式中，除了建立劳动关系的员工外，还有实习、退休返聘、兼职、劳务派遣等多种用工模式存在，因此企业也可以根据用工模式的特殊性对《员工手册》制定相对应的内容。

23.3.2　确定管理对象与约束内容

1. 确定管理对象

人力资源管理人员在编写《员工手册》前，要先分析一下《员工手册》需要管理和约束的对象，管理对象不同，《员工手册》所要体现的内容就不同。

2. 分析约束内容

人力资源管理人员在确定管理对象后，就要对企业已有的管理制度的执行情况进行系统分析，评价现行制度的约束效果，做出必要的修改和补充，按照《员工手册》的编写原则和标准，规划《员工手册》的内容框架。

23.3.3 具体内容的编制与审核

1. 具体内容的编制

《员工手册》的具体内容如图 23-7 所示。

写在前面的话	公司概述	行为规范 特殊职业要求	公司管理制度	附则
1. 欢迎词 2. 员工手册学习 　收获 3. 祝语与希望 4. 签名	1. 公司价值观 2. 战略目标 3. 业务概况介绍 4. 公司组织架构 5. 企业文化	1. 工作准则 2. 行为规范 3. 礼仪规范 4. 行业特殊职业要 　求（如食品行业）	1. 人事管理制度 2. 行政管理制度 3. 财务管理制度	1. 关于手册（使用、 　保管、修订） 2. 手册效力（约束效 　力、异议处理等） 3. 员工签收

图 23-7 《员工手册》的内容

2. 具体内容的审核

填写完整个《员工手册》后，企业人力资源部应对整个手册的内容进行初步审核，若有疑问或不恰当的地方，应及时与相关部门或相关负责人沟通确认，确认没问题后再请各部门员工代表对《员工手册》的语言、具体条款等内容进行审核。它主要包含如下两方面的内容。

（1）编制语言的审核。《员工手册》的语言应用最重要的就是要符合企业的实际情况，以确保《员工手册》的实用性，防止各项条框只流于形式。企业在审核《员工手册》的语言时，需注意 3 点，如图 23-8 所示。

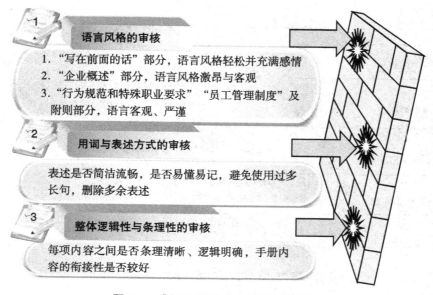

语言风格的审核
1. "写在前面的话"部分，语言风格轻松并充满感情
2. "企业概述"部分，语言风格激昂与客观
3. "行为规范和特殊职业要求""员工管理制度"及附则部分，语言客观、严谨

用词与表述方式的审核
表述是否简洁流畅，是否易懂易记，避免使用过多长句，删除多余表述

整体逻辑性与条理性的审核
每项内容之间是否条理清晰、逻辑明确，手册内容的衔接性是否较好

图 23-8 《员工手册》编制语言的审核

（2）内容合法性审核。在完成语言审核后，下一步的重要工作就是审核《员工手册》的合法性。对《员工手册》合法性的审核需要从 4 个方面开展，如图 23-9 所示。

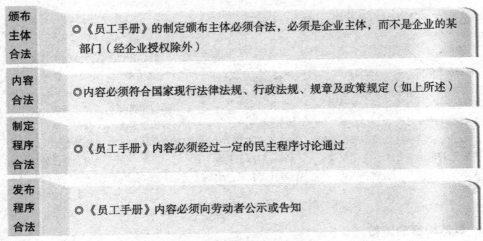

颁布主体合法	◎《员工手册》的制定颁布主体必须合法，必须是企业主体，而不是企业的某部门（经企业授权除外）
内容合法	◎内容必须符合国家现行法律法规、行政法规、规章及政策规定（如上所述）
制定程序合法	◎《员工手册》内容必须经过一定的民主程序讨论通过
发布程序合法	◎《员工手册》内容必须向劳动者公示或告知

图 23-9　内容合法性审核图

23.4　《员工手册》编制实操

23.4.1　编制《员工手册》的程序

一般来说，《员工手册》的编写需要经过 5 个步骤，如图 23-10 所示。

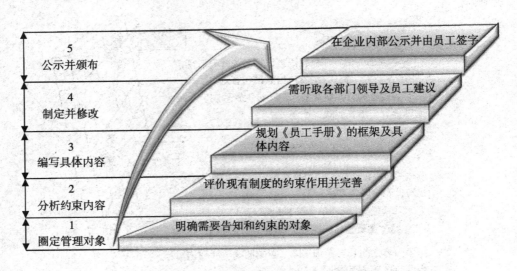

5 公示并颁布	在企业内部公示并由员工签字
4 制定并修改	需听取各部门领导及员工建议
3 编写具体内容	规划《员工手册》的框架及具体内容
2 分析约束内容	评价现有制度的约束作用并完善
1 圈定管理对象	明确需要告知和约束的对象

图 23-10　《员工手册》编制的程序

23.4.2 编制《员工手册》的6忌

人力资源管理人员在编制《员工手册》的过程中应当尽力避免贪多求全、陈旧过时、称谓混乱、段落和句子冗长，以及语法有误和口气生硬等问题，如图 23-11 所示。

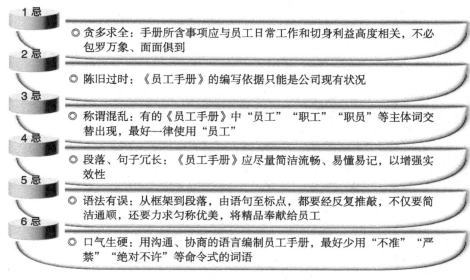

图 23-11 编制《员工手册》的 6 忌

23.4.3 《员工手册》框架的设计

《员工手册》主要是企业内部的人事制度管理规范，它具有传播企业形象、企业文化的功能。它是有效的管理工具、员工的行动指南。

《员工手册》的框架结构主要包含几个方面，如图 23-12 所示。

1. 封面：《员工手册》的封面一方面要简洁大气，另一方面要符合本企业的文化

2. 目录：《员工手册》的目录是对员工手册内容的总体概括

3. 前言：即写在书籍或文章开头的文字

4. 企业概况：可以包括企业的注册时间、注册资本、企业业务、技术水平、企业规模等

5. 员工行为规范：员工行为规范是指企业员工应该具有的共同的行为特点和工作准则

6. 特殊要求：从事某行业所必须具备的不同于其他行业的特殊要求

7. 企业管理制度：企业为了规范自身建设，加强企业成本控制、维护工作秩序所制定出的管理公司的依据和准则

8. 附则：作为文件辅助性内容而存在的一个组成部分。

图 23-12 《员工手册》的框架结构

第 24 章

信息化：人力资源信息化

随着现代企业竞争日益激烈，人力资源管理对企业发挥着日益重要的作用。信息技术的发展加速了人力资源管理的发展，以企业战略为导向，以软件系统为平台的人力资源管理信息系统能通过集中式的信息库、自动处理信息、员工自助服务、外协以及服务共享，达到降低成本、提高效率、改进人力资源管理服务模式的目的，实现企业人力资源工作的信息化管理，保证人力资源与日新月异的技术环境同步发展。

24.1　人力资源信息化概论

人力资源信息化系统的构建可以优化人力资源管理流程，提升人力资源管理部门的服务水平，帮助企业发挥战略性人力资源管理职能。

24.1.1　人力资源管理信息系统

人力资源管理信息系统（Human Resource Information System，HRIS）是指一个由具有内部联系的各模块组成的，能够用来搜集、处理、储存和发布人力资源管理信息的系统，该系统能够为一个组织的人力资源管理活动的开展提供决策、协调、控制、分析以及可视化等方面的支持。

该系统由多个模块组成，我们将以"绩效评估系统模块"为例进行简要介绍。

绩效评估系统模块包括如下几个方面的内容。

（1）系统设置。系统设置模块负责完成对绩效评估子系统的初始化设置，以及对员工代码、部门代码和职务代码等的设置，并提供对评估实施及评估分析情况的查询功能。

（2）变动数据处理。其任务包括定义考核方案、录入考勤数据和录入工作数据。

（3）评估实施。评估实施内容包括日常工作考核、阶段考核、项目工作考核和特殊情况考核。

（4）评估分析。评估分析内容包括对"等级评价汇总表""部门绩效汇总表""综合评价汇总表"和评估活动的评价。

（5）评估结果输出。评估结果输出既可以针对单独部门，也可以针对个人的情况。

24.1.2　人力资源管理信息化的作用

人力资源管理信息化，是指基于互联网的、高度自动化的人力资源管理工作，它囊括了人力资源工作的核心流程，如招聘管理、薪酬管理、培训管理、绩效管理等，它可以起到降低成本、提高效率、改进员工服务模式的目的。具体来说，它有如下几方面的作用。

1. 从信息方面支持企业管理

由于人员的流动与人员信息的变化，企业管理者需要借助一定的工具，而人力资源信息系统平台可以将管理者所需的员工招聘率、员工流失率、员工薪酬等相关信息进行分析、整合后传达给管理者，为管理者进行阶段性和长期性的决策做准备。

2. 降低成本

传统的人力资源管理需要大量人员负责招聘、培训、设计薪酬等工作。企业使用在线平台，可以节省大量招聘时间、设计培训时间及相关成本。

3. 提高员工满意度

通过使用管理系统，员工可以更方便地了解自身的相关情况，例如查看自身的薪酬情况和培训进展情况，这能增强员工的责任感和归属感。

24.2　人力资源信息化建设

人力资源管理信息系统能够为各部门提供充足的信息和快捷的查询手段，使用计算机对人力资源信息进行管理，它具有检索迅速、查找方便、可靠性高等优点。这些优点能够极大地提高人力资源管理的效率。

24.2.1　人力资源信息系统的发展趋势

互联网技术的快速发展，以及人力资源管理信息系统的广泛应用，大大推动了人力资源工作的效率。在未来的一段时间里，人力资源信息系统将会出现如下变化。

1. 业务整合与 IT 手段和资源结合

信息技术的发展极大地提升了人们处理和利用信息的能力，也因此使人力资源管理信息系统全方位地打破了企业活动的地理界限、资源界限和管理界限。

2. 管理部门对信息化依赖程度加强

随着信息化时代的到来，信息技术正在不断渗透到企业管理的每一个环节。企业各个管理部门越来越依赖信息化手段来实现对企业各个环节的管理。

3. 核心业务与人力资源管理的整合

人力资源管理部门的价值，是通过提升员工的效率和企业的效率来体现的。人力资源管理已日益凸显其在企业价值链中的重要作用。这种作用就在于为企业外部顾客，也为企业内各个部门提供附加价值。这不仅可以实现为业务部门定制服务，而且可以突显人力资源管理的价值、巩固人力资源部门的地位。人力资源部门逐渐从"权力中心"转变成"服务中心"。

24.2.2 人力资源信息化建设方案

表 24-1 为人力资源信息化建设方案，供读者参考。

表 24-1 人力资源信息化建设方案

方案名称	人力资源信息化建设方案	编号	
		版本	
一、目的 为降低企业管理成本、提高企业工作效率，确保人力资源信息化建设的顺利实施，特制定本方案。 二、适用范围 本方案适用于企业人力资源信息化建设的管理工作。 三、原则 信息化人力资源规划的建设一般应遵循以下原则。 1. 整体规划，分步实施。 2. 保证统一性，适当个性化。 3. 技术整合，资源共享。 四、流程 人力资源信息化系统的建立主要包括程序设计、系统测试、系统功能实现和系统维护这四个环节。 人力资源信息化建设完成后将实现如下这些功能。 （1）用户管理功能，包括用户的注册、登录、注销，以及用户的权限设置等。 （2）员工基本信息（包括用户的姓名、性别、出生年月、毕业院校、所学专业、技术特长、所在部门、职务、职称、参加工作时间、记过情况、获得的奖励等信息）管理功能。 （3）合同信息管理功能，包括员工签订合同的时间、期限，合同的变更、延续、终止等信息。 （4）保险信息管理功能，包括员工缴纳保险的种类、保险缴纳起止时间、员工出险情况等信息。 （5）人员流动管理，包括员工的辞职、跳槽、辞退等信息，还包括一定时期内员工总数、新入职员工数、离职员工数、员工的流动率、核心员工的流动率等信息。			
编制人员		审核人员		审批人员	
编制时间		审核时间		审批时间	

第 25 章

企业文化

25.1　企业文化概论

25.1.1　企业文化

企业文化是企业全体人员在长期生产经营实践过程中形成的普遍认同和共同遵守的企业精神、价值观、思维模式和行为模式。

25.1.2　企业文化的作用

企业文化对调节员工情绪、调动员工工作积极性有重要作用，具体体现在如下 3 个方面。

1. 导向和凝聚作用

企业文化反映了组织整体的共同价值观、共同利益。这种文化理念一旦形成，就会产生强大的凝聚力，把全体员工引导到组织的总体目标上来，使他们为实现共同的目标而努力。

2. 规范和辐射作用

规范功能体现在企业文化的实践活动中，一旦企业文化被员工认同和接受，它就会渗透到员工的思想中，进而规范和约束员工行为，形成一种团队精神，这也是一种辐射功能。

3. 深层次激励作用

企业文化的核心精神是一人为主体的人本文化。企业文化能通过倡导人本管理，以满足员工的不同层次需求为激励手段，形成全方位的深层次激励，从而调动员工的积极性，发挥员工的主观能动性，使组织和全体员工成为真正的命运共同利益体。

25.2　企业文化建设

25.2.1　企业文化建设

1. 梳理企业文化的层次内容

企业文化各层次的内容主要包括 4 个方面，即物质层文化、行为层文化、制度层文化以及核心层精神文化，如表 25-1 所示。

表 25-1　企业文化的层次

企业文化层次	具体说明
物质层文化	➢ 物质层文化是由产品和各种物质设施等构成的，是一种以物质形态为表现形式的表层文化 ➢ 物质层文化的内容包括企业生产的产品和提供的服务、企业环境、企业容貌、企业建筑、企业广告等
行为层文化	➢ 行为层文化是指员工在生产经营、学习及娱乐活动中产生的活动文化 ➢ 行为层文化包括企业行为的规范、企业人际关系的规范、公共关系的规范以及服务行为的规范
制度层文化	➢ 制度层文化主要包括企业领导体制、企业组织机构和企业管理制度这三个方面 ➢ 企业领导体制是企业的领导方式、领导结构、领导制度的总称；企业组织机构是企业为有效实现企业目标而筹划、建立的企业内部各组成部分；管理制度是企业在生产管理实践活动中制定的各种规定或条例
核心层精神文化	➢ 核心层精神文化是企业在经营过程中，受一定社会文化背景、意识形态影响而形成的精神成果和文化观念 ➢ 核心层精神文化包括企业精神、企业经营哲学、企业道德、企业价值观念、企业风貌等内容

2. 企业推行文化遵循的 4 个原则

企业文化是企业支配其员工在从事商品生产和商品经营工作过程中逐渐形成的专属企业的理想信念、价值取向、行事方式以及道德准则等。企业在推行文化的过程中，需要遵循 4 个原则，如图 25-1 所示。

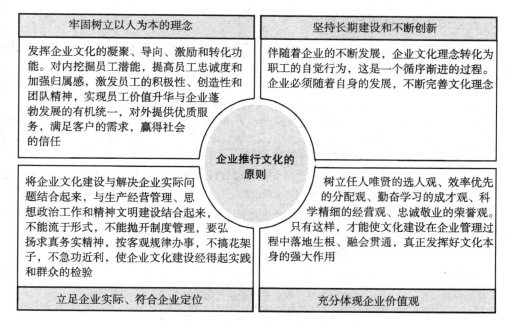

图 25-1　企业推行文化的原则

25.2.2　文化建设体系的设计

1. 企业文化建设体系的设计步骤

人力资源部在建立企业文化建设体系时，可根据企业文化建设的现状，设计建设多方位、多角度、多层次的企业文化建设体系。设计企业文化建设体系的具体步骤如图 25-2 所示。

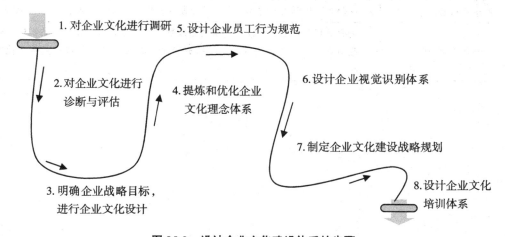

图 25-2　设计企业文化建设体系的步骤

2. 企业文化建设体系的具体形式

企业文化建设是企业长远地发展下去的保障。接下来，我们将介绍几种文化建设的具体形式，供读者参考，如表 25-2 所示。

表 25-2　企业文化建设的具体形式

形式	说明
晨会、夕会、总结会	➢ 在每天的上班前和下班前用若干时间段宣讲企业的价值观念
思想小结	➢ 定期让员工按照企业文化的内容对照自己的行为，自我批判是否达到了企业要求，又需要如何改进
张贴宣传企业文化的标语	➢ 给员工树立一种形象化的行为标准和观念标志，使员工明白"何为工作积极""何为工作主动""何为敬业精神""何为成本观念""何为效率高"，从而激励员工
网站建设	➢ 在网站上做关于即时的方针、思想、文化的宣传
外出参观学习	➢ 外出参观学习也是建设企业文化的好方法
故事	➢ 有关企业的故事在企业内部流传，会起到建设企业文化的作用
与企业发展史有关的陈列室	➢ 陈列一切与企业发展相关的物品
文体活动	➢ 文体活动指唱歌、跳舞、体育比赛、国庆晚会、元旦晚会等，在举办这些活动时，可以把企业文化的价值观贯穿其中
引进新员工，引进新文化	➢ 引进新员工，必然会带来新的文化，新文化与旧文化融合就会形成另一种新文化
开展互评活动	➢ 互评活动是指员工对照企业文化要求当众评价同事工作状态，也当众评价自己做得如何，并由同事评价自己做得如何，通过互评运动，消除分歧、改正缺点、发扬优点、明辨是非，以优化工作状态
领导者的榜样作用	➢ 在企业文化形成的过程当中，领导者的榜样作用对企业员工有很大的影响
创办企业报刊	➢ 企业报刊是企业文化建设的重要组成部分，也是企业文化的重要载体。企业报刊也是向企业内部及外部所有与企业相关的公众和客户宣传企业的窗口